Alberto Govantes

# SUCESOR NO DESIGNADO

## LA SUCESIÓN EN LA EMPRESA FAMILIAR

Sucesor no designado. La Sucesión en la empresa familiar
Autor: Alberto Govantes
BLB CONSULTORES REGISTRALES E HIPOTECARIOS S.L.
NIF.: B86927563
Exit Editorial es un sello registrado de BLB CONSULTORES S.L.
Calle Chopos, 31, 28221 Majadahonda
Teléfono: 616985408 / 673 161 172
Email: comunicacion@exitcomunicacion.com
Página Web: www.exitcomunicacion.com

Depósito legal: M-5190-2025
ISBN: 978-84-129387-4-6
Segunda edición noviembre 2025
Impreso en España

# Prólogo

Mucho se ha escrito sobre las virtudes y bondades de la empresa familiar: El propósito, los valores, la capacidad de emprendimiento y visión a largo plazo, la conexión al territorio en el que se establecen, o la creación de empleo. Todos ellos son elementos característicos y diferenciales de las empresas familiares que las convierten en actores esenciales e imprescindibles en nuestra realidad económica.

Las empresas familiares están orientadas al largo plazo, lo que permite vincular pasado y futuro. Cada generación que se incorpora a la empresa asume la responsabilidad de hacer perdurar y hacer crecer el legado familiar. Pero al mismo tiempo que ponen en valor la tradición, las empresas familiares de éxito integran la innovación con el objetivo de no perder relevancia en un entorno económico y social en constante cambio. A partir del conocimiento y la experiencia acumulados, desarrollan estrategias de futuro que garantizan la competitividad de la empresa y su resiliencia ante nuevos retos. Por esa razón, las empresas familiares no solo se enfocan en transmitir el patrimonio financiero, a través de una excelente gestión de los recursos y reinvirtiendo las ganancias en el negocio, sino también legando su propósito, sus valores, conocimientos y experiencia a las siguientes generaciones.

Con la incorporación de nuevas generaciones, la agenda de la empresa familiar puede cambiar, integrando la innovación sin renunciar a los valores que han guiado el crecimiento. Transmitir el espíritu emprendedor entre generaciones es fundamental para garantizar que la compañía es capaz de adaptarse al cambio. Cada generación realiza su aportación, que sirve de inspiración para que las siguientes redefinan los objetivos de negocio de acuerdo con las necesidades del momento, sin perder de vista la visión del fundador. Todas las generaciones deben velar por los valores y el propósito de la empresa e incentivar a las siguientes a adquirir ese espíritu emprendedor, indispensable para que el negocio siga creciendo.

Por lo tanto, a lo largo de su existencia, estas organizaciones cruzan periódicamente un umbral crítico y decisivo que se corresponde con el momento de la sucesión y transmisión del legado. Sin embargo, y a pesar de esta trascendencia, no existe actualmente una metodología clara y concluyente sobre el proceso de la sucesión, que es, precisamente, el objeto temático de este libro.

Los protocolos familiares, más o menos sofisticados son elementos habituales empleados en este tipo de empresas, si bien es poco frecuente encontrar en los mismos un capítulo relativo al proceso mismo de la sucesión. Todos tratan exhaustivamente el funcionamiento de la empresa familiar en cuanto a la participación de sus miembros, la incorporación de las nuevas generaciones, los compromisos de permanencia, el reparto de dividendos, etc, sin embargo suelen pasar de largo el momento clave de la sucesión. Y es un paso crítico en la vida de la empresa, donde se garantiza su permanencia en el tiempo o, por el contrario, puede suponer el inicio de su fin.

El autor, Alberto Govantes, viene a cubrir por tanto este "gap" en su obra, de una manera clara, sistemática y práctica, deslizando su propia experiencia en el proceso de sucesión de su empresa familiar. Y con un toque de humor….

Alberto, al que conozco desde hace más de 30 años, y por eso lo digo, nos relata sus propuestas para llevar a cabo un proceso planificado, limpio y transparente que garantice el éxito del mismo. Y lo hace de una manera objetiva, detallada y exhaustiva, y yo diría que con pasión. Esa pasión que él mismo reclama a los responsables de la empresa familiar.

La búsqueda de consensos entre los diferentes grupos familiares, candidatos a la sucesión y el resto de grupos de interés se plantea como un elemento básico y aconsejable para no crear tensiones innecesarias y en ocasiones irreparables, si bien en mi opinión, a veces deben primar las razones meramente profesionales y objetivas en aras del éxito del proceso de sucesión, sobre todo en el caso de empresas familiares de más de tres generaciones.

Conceptos como la adopción de las mejores prácticas en materia de gobierno corporativo por parte de la empresa familiar, la profesionalización de los consejos de administración y otros órganos de la empresa y la utilización o no de asesores externos en cada parte del proceso, son elementos clave en la exposición del autor. El equilibrio entre la tradición y el cambio se nos muestra como el elemento que garantiza el éxito y permanencia a largo plazo de la empresa familiar.

La generosidad, la igualdad de oportunidades, o la meritocracia, son atributos que también surgen de la lectura del libro y que se antojan como esenciales para el éxito del proceso. También la búsqueda de la "segunda carrera" o salida de los miembros de la empresa familiar que dejan las funciones ejecutivas y de dirección.

El propósito de "entregar la empresa mejor que la recibí" es la guía que todo empresario familiar debe tener en mente en todo momento, y debe transmitir a las siguientes generaciones. El amor a la empresa es asimismo uno de los valores primordiales que deben garantizar su continuidad.

La lectura de "El sucesor no designado" me ha inspirado una serie de reflexiones muy interesantes sobre el comportamiento humano en una problemática que no es una prioridad para el común de los mortales pero que, sin duda, lo es para todos los que forman parte de una empresa familiar. Animo por tanto al lector a adentrarse en las páginas de este libro y dejar que afloren las suyas propias.

**Hilario Albarracin Santa Cruz**
Presidente de KPMG en España 2016-2021.

# ÍNDICE

*Como no puede ser de otra manera, quiero dedicar este libro a mi familia, empezando por mis padres, mi esposa María Luisa y mis hijos María y Jaime y, terminando por todos mis hermanos, cuñados y sobrinos.*

*Os quiero.*

# Introducción

La mayoría de los libros y artículos sobre las empresas familiares que he leído han sido escritos por abogados, asesores o consultores que nunca han formado parte de este tipo de empresas tan singulares.

Con esto no quiero decir, de ninguna de las maneras, que esos profesionales no sepan de qué están hablando. Al contrario, muchos de ellos conocen perfectamente la problemática que rodea a estas empresas y nos ofrecen, la mayoría de las veces con bastante acierto, los consejos y el punto de vista que un abogado, asesor o consultor puede y debe dar sobre aspectos jurídicos o empresariales.

Lo que, desde luego, sí he echado de menos en esos trabajos, cursos y seminarios sobre la materia es que esos profesionales nos cuenten cómo la historia y la trayectoria de la empresa familiar, y muy especialmente las peculiaridades, la sensibilidad y los sentimientos de los miembros de esas familias afectan al desarrollo y a los objetivos tanto de las personas como de las empresas.

Creo que la visión que nos dan desde fuera es muy importante, porque las empresas familiares son, en muchos casos, endogámicas, y por eso les animo a informarse y a formarse. Pero creo que es aún más relevante poder conocer lo que la experiencia de haber pertenecido durante años a una de estas empresas puede ofrecernos.

Con esta reflexión sobre el porqué de este libro, animo a quienes forman parte de empresas familiares a que también compartan sus experiencias.

Durante más de treinta años he trabajado en la empresa que crearon mis padres. Una compañía que nació siendo muy pequeña, que cuando me incorporé a ella era mediana, y que en la actualidad, puedo decir con orgullo, es una gran empresa.

Entiéndase bien que no pretendo alabar mi gestión, sino dejar patente que una empresa familiar puede alcanzar el éxito si en cada fase de su vida sabe rodearse de las personas adecuadas. En nuestro caso así ha sido, y desde aquí nuestro agradecimiento a los muchos profesionales que nos han ayudado a alcanzarlo.

Los últimos años me he dedicado a preparar nuestra compañía para el proceso de sucesión que, sin duda, debíamos acometer. Durante este periodo también he tenido la oportunidad de formarme, de intercambiar opiniones con expertos de todo tipo (de los buenos y de los que creen serlo), y con personas que, como yo, han estado y están vinculadas a sus propias firmas familiares.

Me considero un devoto seguidor de la empresa familiar. Reconozco, incluso, que tal vez llegue a ser un poco fundamentalista.

Es posible que mi radicalización obedezca a los continuos ataques que todo tipo de gurús dirigen contra las empresas familiares en general, y contra sus miembros y modelos de gestión en particular. Todos reconocen que las empresas familiares son el motor de la economía y del empleo, pero la mayoría las ve como aberraciones desde el punto de vista empresarial, que están condenadas a desaparecer si no se limita su carácter familiar.

¿Cuántas veces habrán escuchado frases parecidas a estas?

- La primera generación la crea, la segunda la desarrolla y la tercera la vende o la destruye.
- El hijo de papá.
- Imagen poco profesional.
- La familia no debe estar en puestos ejecutivos.
- Hay que dejar la empresa en manos de profesionales.

Tratando de enriquecer el listado anterior, le solicité a nuestro nuevo compañero ChatGPT que me mostrase frases peyorativas sobre las empresas familiares. No tienen desperdicio:

- *Las empresas familiares son solo un nido de nepotismo y conflictos internos.*

- *Las empresas familiares son incapaces de competir en el mercado abierto debido a su falta de profesionalismo.*
- *Las empresas familiares están condenadas al fracaso porque priorizan los lazos de sangre sobre la eficiencia y la innovación.*
- *En las empresas familiares, los miembros de la familia solo están allí para obtener beneficios sin aportar verdadero valor.*
- *Las empresas familiares son una reliquia del pasado, incapaces de adaptarse a las demandas del mundo moderno.*

Cómo diría un buen amigo mío, "pa ti la perra gorda".

La obsesión más común de los consultores es que los miembros de la familia no trabajen en las empresas familiares, que no ocupen puestos ejecutivos. "Hay que profesionalizar la empresa", dicen haciendo referencia a que los ejecutivos externos son más profesionales que los miembros de la familia.

Y digo yo: ¿por qué? ¿Por qué un ejecutivo fichado de otra empresa va a ejercer mejor su trabajo y su responsabilidad que un miembro de la familia perfectamente formado?

Vamos a dejar la respuesta a esta cuestión para el capítulo que versa sobre la selección de los mejores candidatos para la sucesión familiar.

Lo que, en mi caso, acabó por convertirme en un *hooligan* sucedió en el transcurso de un curso que organicé, *in house*, sobre los derechos y deberes de los consejeros. Uno de los ponentes, un supuesto y reconocido experto en consejos de administración de empresas familiares, trató de convencernos de que los miembros de la familia ni siquiera debían ocupar un asiento en el consejo de administración.

Los allí presentes, todos ejecutivos y consejeros de nuestra compañía, nos mirábamos atónitos. Algunos buscaban dónde podían estar escondidas las cámaras que estaban grabando nuestra reacción para su posterior difusión en un programa de inocentadas. Otros se preguntaban de dónde había salido aquel espécimen que quería eliminarnos de nuestra empresa, y alguno me miraba a mí preguntándose qué pretendía yo con la participación de aquel enterrador de ilusiones.

— ¿Alguna pregunta? —dijo el ponente, con semblante orgulloso, al término de su exposición.
— Sí. ¿Ha venido usted en coche o le pedimos un taxi? —le contesté yo, deseando perderle de vista.

Las empresas familiares tienen muchas cosas buenas. Otras no lo son tanto, y es nuestra obligación tratar de mejorarlas. Hablaremos más adelante de ello, pero sin entrar, por el momento, en ese punto, no tengo ningún reparo en afirmar ahora que entre las buenas está, sin duda, el amor, la dedicación, la ilusión y el empeño con los que los miembros de la familia ponen en su desarrollo o en su subsistencia.

Si tiene esa misma visión de su empresa y, con independencia de que en estos momentos estén o no inmersos en un proceso de sucesión familiar, le recomiendo que siga leyendo esta obra. Con mayor motivo si ni tan siquiera ha pensado en cómo afrontar el proceso de sucesión, porque organizar una sucesión ordenada, que minimice riesgos, y que sea exitosa, puede llevar mucho más tiempo del que pueda parecer.

Sí, por el contrario, es de los que no tiene fe en la empresa familiar, le ruego encarecidamente que le dé una oportunidad a este libro, que quizá le hará cambiar de opinión.

No voy a dedicar ni un minuto a definir conceptos como qué se entiende por una empresa familiar. Tampoco voy a dar consejos jurídicos ni clases magistrales de ningún tipo, básicamente, porque ya existen multitud de libros que cumplen con ese objetivo y, porque, además, creo que no estoy suficientemente capacitado para ello.

Este libro se basa en lo que he aprendido durante muchos años de trabajo en nuestra empresa familiar, y en mi experiencia liderando un proceso de sucesión familiar desde dentro.

Ni siquiera debe seguir los pasos que, en mi opinión, estos procesos deben cumplir para llevar a cabo una sucesión exitosa. Mi objetivo es ayudarle a reflexionar, a mirar dentro de su empresa y de los miembros de la familia que le acompañan o le van a acompañar en esa aventura.

Cada empresa es diferente por muchos motivos: tamaño, sector, idiosincrasia, ciclo de vida, etcétera, pero estoy seguro de que la mayoría de los problemas a los que se enfrentan las empresas familiares cuando se acomete la sucesión son similares. Empezando por si me atrevo o no a abrir la caja de los truenos.

Pero no lo dude. La supervivencia de su empresa pasa por una sucesión ordenada. Atrévase.

Y antes de entrar en materia, le pido que me perdone la licencia que me he tomado de salpicar el relato de mis experiencias con ciertos toques de humor. Vamos al lío.

# CAPÍTULO 1

¿CÓMO, CUÁNDO Y POR QUÉ?

Luis, un buen amigo, dueño de una pequeña empresa en la que acababa de entrar a trabajar el mayor de sus cuatro hijos, me preguntó por cómo, cuándo y por qué pensaba yo que debía afrontar su propia sucesión.

Antes de que pudiera indagar en el porqué de su inquietud, me contó lo que su padre había hecho con él. En su primer día de trabajo le sentó en su despacho y le dijo que él sería quien dirigiría la empresa en el futuro y que, a partir de ese momento, su única preocupación en la vida debía ser la de prepararse para cuando llegase ese día.

Año y medio después, don José, que así se llamaba el padre, falleció debido al cáncer con el que venía luchando desde hacía dos años. Mi amigo heredó el cien por cien de la empresa y sus dos hermanos, las casas y otras propiedades que tenía don José.

Estoy seguro de que al empezar a leer esta historia habrán pensado que ambas sucesiones se abordaban de manera precipitada, pero también que, tras lo dicho en el párrafo anterior, entenderán la necesidad que tenía don José de preparar a su hijo para que le sustituyese.

Imagino que don José, acuciado por su enfermedad, no se haría conscientemente las tres preguntas que titulan este capítulo, pero estoy seguro de que todas ellas tenían respuesta. Le pedí a Luis que me diera su opinión.

Respondió al **cómo,** diciéndome que, sin duda, se había tratado de una decisión personal basada en que era la única forma de transmitir el legado de su padre. En lo personal, no entré ni entro a valorar si apartar a sus otros dos hijos, estudiantes por aquel entonces, fue la opción más adecuada.

Al **cuándo** y al **por qué** contestó de la única manera posible. Don José sabía que iba a fallecer en no mucho tiempo y debía preparar su sucesión de forma inmediata.

Llegaba el momento de indagar en la motivación de Luis. Creía y creo que las preguntas son las adecuadas, pero no el orden en el que me las había formulado. Mi primera misión era saber **por qué** Luis se había lanzado a preparar su sucesión.

Yo sabía que gozaba de un excelente estado de salud y que su preocupación nada tenía que ver con buscar una solución de urgencia, pero como quería que fuese él quien me desvelase sus inquietudes, le pregunté si estaba enfermo. Mi verdadera intención era que interpretase que me parecía que se estaba precipitando.

— Que yo sepa, estoy bien —me contestó extrañado—. A veces yo también creo que es un poco pronto para empezar con esto, pero…

— Solo quería descartarlo —le interrumpí—. Entonces ¿**por qué** has decidido afrontarlo con tanto tiempo?

Como el resultado de su sucesión había sido, según Luis, muy bueno, había pensado seguir su mismo camino, pero antes quería contrastarlo conmigo y con otras personas en las que confiaba.

Mi respuesta fue tajante. Le dije que en mi opinión se equivocaba, no por la idoneidad del momento en sí, del **cuándo**, sino porque se había saltado casi todos los pasos que un proceso de sucesión debería seguir, h asta el punto de que ya había decidido quién sería su sustituto, sin tener en cuenta decenas de variables que hubiera debido valorar. Es decir, se había equivocado, además de en el porqué, en el **cómo**.

## El porqué

Son varias las razones por las que es conveniente prever la sucesión en la empresa familiar.

La primera tiene poco que ver con la condición familiar o no de la compañía y debería ser una obligación para todas las empresas, sea cual sea la composición de su accionariado. Todas deberían tener un protocolo de sucesión de sus puestos clave, que tratase de asegurar la continuidad de la empresa. Incluso debería estar, esta sucesión, contemplada dentro del plan de gestión de riesgos de la compañía.

Estos protocolos, sobre los que no quiero extenderme y sobre los que hay infinidad de información, deben prever si la empresa tiene el talento y la cantera adecuada tanto para acometer la sucesión programada de esos puestos clave (por ejemplo, por jubilación) como para sustituir a las personas que dejan vacante su puesto de manera inesperada (por ejemplo, por fallecimiento).

Si, como es nuestro caso, parte de esa cantera está compuesta por familiares, con mayor motivo aún debemos trabajar en ese protocolo.

Si nos centramos en el porqué de la sucesión, en el caso concreto de una empresa familiar tenemos dos tipos de motivaciones: las que responden a las necesidades de la compañía y las que lo hacen en relación con las aspiraciones de los miembros de la familia.

En lo que se refiere a las primeras, la literatura disponible nos da infinidad de motivos, desde asegurar la continuidad del negocio o del legado recibido de las primeras generaciones hasta la importancia de mantener la cultura familiar.

Otros muchos ítems que aparecen en la mayoría de los estudios sobre la cuestión obedecen más a los beneficios de mantener la gestión familiar de la compañía que a responder nuestra pregunta.

Desde mi punto de vista, las empresas familiares deben planificar en tiempo y forma la sucesión, porque es la única manera de dar respuesta a las inquietudes de todos los que forman parte de ellas (familiares y no familiares), creando un clima de certidumbre que permita retener el talento y asegurar la continuidad futura de la empresa.

No planificar la sucesión pone en riesgo el futuro de la compañía. No podemos arriesgarnos a que un hecho indeseable nos obligue a tomar una decisión precipitada, de un día para otro. Todo lo que hayamos sido capaces de anticipar ayudará al éxito del proceso sucesorio.

Para los miembros de la familia también es fundamental que el proceso de sucesión se aborde con el tiempo suficiente. Primero porque cada uno debe pensar en qué situación personal, accionarial y laboral se encuentra, y hacia dónde le gustaría encaminar sus siguientes pasos.

Habrá quien quiera postularse como primer ejecutivo, quien decida abandonar la empresa cuando se ejecute el relevo o quien se sienta cómodo en su papel actual y no quiera saber nada de ascensos.

Pero es que, además, las posturas de unos y otros, y la decisión a la que se llegue finalmente, influirán, nuevamente, en cada uno de ellos, hasta el punto de que tendrán que volver a decidir qué van a hacer con su vida. Démosles el tiempo que, a buen seguro, necesitan y se merecen.

## El cuándo

Soy consciente de que en algunas empresas en las que no está claro quién será el futuro primer ejecutivo costará poner en marcha el proceso de sucesión, pero como tarde o temprano habrá que hacerlo, mi recomendación es que se inicie con la mayor antelación posible.

La sucesión debe ponerse en marcha en periodos de bonanza, en lo que se refiere tanto a la empresa como a las relaciones familiares. Afrontar este proceso cuando la empresa esté pasando por dificultades, o cuando existen rencillas entre algunos miembros de la familia, dificultará el éxito del mismo.

Con esto no quiero decir que si algo va mal tengamos que dilatar la puesta en marcha del proceso, sino que no dejemos pasar los buenos momentos para hacerlo.

La sucesión familiar no es un acto aislado, sino un proceso, una concatenación de fases que serán distintas en cada empresa. No serán las mismas en una asesoría jurídica que en una empresa industrial, o en una empresa que facture cien millones que en otra que facture tan solo dos. Ni tampoco una sucesión entre hermanos de la segunda generación que entre tíos y sobrinos, o padres e hijos, de la cuarta y la quinta sagas.

Si está leyendo este libro, probablemente ya habrá empezado el proceso, porque la primera fase de este es, precisamente, cuestionarse si ha llegado el momento de afrontar el tema.

Si finalizada la obra no decide dar un paso más, sepa que le perseguiré hasta conseguirlo.

Hablábamos antes de que cualquier empresa debe tener prevista una sucesión de emergencia ante la posible aparición de hechos inesperados, como podría ser el fallecimiento del director general, en nuestro caso del actual capo de la familia. Desde esa óptica deberíamos tener un plan B por si esto ocurriese, para que desde el día siguiente la empresa pudiese seguir funcionando con cierta normalidad.

Es más que posible que este plan B no sea válido como proceso de sucesión en el futuro, porque, si como esperamos, no ocurre nada indeseable, en el transcurso de los años irán cambiando todas las variables que afectarán a una sucesión familiar ordenada.

Mi recomendación respecto a este plan B es que se realice como si de una empresa no familiar se tratara, buscando el único objetivo de que la empresa siga funcionando el día de después. Sería ese el momento en el que las familias propietarias de la empresa deberían poner en marcha el proceso de sucesión.

Si, por el contrario, hablamos de una sucesión ordenada, mi propuesta es que la acometamos sin prisas, dándonos el tiempo que la decisión más importante que se tomará en la empresa en esos años necesita. Cuanto más complejas sean las estructuras empresariales y familiares, antes debemos comenzar el proceso.

Si la empresa o la estructura familiar son complicadas, deberíamos empezarlo entre tres y cinco años antes de que se vaya a producir la sucesión real. En el caso de empresas más simples, dos años serían suficientes.

Imagino que le habrán podido sorprender estos plazos, pero, créame, son muchas las tareas que, como veremos más adelante, hay que abordar.

## El cómo

Como diría un buen amigo, "con arrojo, quillo, con arrojo".

Es muy importante tener claro que el proceso de sucesión no es potestad única del capo de la familia. Ni porque él lo desee así ni porque el resto no quieran ayudarle. Todas las ramas familiares tienen el derecho y la obligación de participar de una u otra manera.

Además, parte del éxito del proceso vendrá de lo capaces que seamos de llegar a un buen entendimiento entre todos, y de conciliar las diferentes posturas, para lo que es del todo necesario que el proceso de sucesión sea abierto y transparente para todas las ramas familiares.

La primera decisión que hay que tomar es si iniciaremos el proceso con o sin ayuda externa. Es una decisión muy personal en la que entran en juego cuestiones como el tamaño y la complejidad de la empresa, lo bien avenida que esté la familia y el tamaño de esta, las expectativas de las diferentes ramas o miembros, las posibles diferencias en la visión futura de la empresa, etcétera.

Esta ayuda externa puede ir desde la mera asesoría inicial o la realización de una propuesta y puesta en marcha del proceso de sucesión hasta una labor de intermediación entre los distintos miembros de la familia.

Creo que hablar con personas que han pasado por esa misma experiencia, y con expertos en sucesión, nunca está de más, porque sus vivencias y los ejemplos que nos pondrán nos ayudarán a formarnos y a estar mejor preparados para saber qué pasos se deben dar. Pero también creo que, si la idiosincrasia lo permite, el proceso debe ser liderado y llevado a cabo por la propia familia.

Dejando aparte los honorarios y el coste en horas de las decenas de entrevistas que un consultor tendrá que hacer para conocer, más o menos bien, a la familia y a la empresa, que no son cuestión baladí, mi apuesta no puede ser otra que sea la propia familia la que proponga a uno de sus miembros para que dedique parte de su tiempo a diseñar el proceso y a proponer una solución.

La persona seleccionada debe contar con el visto bueno y el apoyo del resto de la familia. Si no es de la totalidad, por lo menos de una amplísima mayoría. En el caso de que nadie fuese merecedor de tal confianza, deberíamos valorar, seriamente, la necesidad de contratar a un consultor con el que todos se sientan a gusto.

Tres condiciones debe cumplir, además, el líder del proceso: conocer perfectamente la empresa, no tener a ningún miembro de su rama familiar entre los candidatos a la sucesión del primer ejecutivo y mucha, pero que mucha, mano izquierda.

# CAPÍTULO 2

LA FAMILIA Y SUS MIEMBROS

Puede estar tranquilo. No voy a definir qué se entiende por familia, pero sí que es importante fijar ahora algunos conceptos para no tener que aclararlos, una y otra vez, a lo largo de la obra.

## 2.1. Las generaciones, las ramas familiares y los miembros de la familia

Entiendo que la mayoría de las empresas que están ya en la cuarta generación habrán pasado por varios procesos de sucesión, por lo que voy a centrarme en la sucesión en las tres primeras generaciones.

Aunque no siempre es así, cuando hablemos de los **fundadores** o de los **abuelos**, estaremos refiriéndonos a la primera generación, y cuando lo hagamos de los hijos y de los nietos, a la segunda y tercera respectivamente.

Y digo que no siempre es así porque puede que los abuelos no creasen la empresa, sino que la comprasen a un tercero, o que incluso fuesen los únicos herederos de la empresa de sus padres. Lo importante es que la propiedad de la empresa recae en el abuelo o la abuela de una única rama familiar. Estaríamos en ambos casos en la primera generación.

También es posible que la empresa la comprasen o la fundasen entre varios hermanos, en cuyo caso, y aunque en realidad se trate de la primera generación, nosotros la trataremos como si de la segunda se tratase.

Debemos considerar que en la primera generación hay una única rama familiar formada por los abuelos y sus hijos. En la segunda habrá tantas ramas como hijos tuviesen los abuelos, estando cada rama formada por cada hijo y sus descendientes. La tercera lo estaría por cada uno de los nietos y los suyos, y así sucesivamente.

Es perfectamente normal que en una empresa coincidan tres generaciones, pero no cuatro, por lo que, como en esta obra vamos a limitarnos a la sucesión hasta la tercera generación, cuando hablemos de las distintas ramas familiares nos referiremos a las que resultan de la segunda generación, las de los hijos de los fundadores.

Por último, cuando hablemos de los miembros de la familia nos vamos a referir a los abuelos, hijos y nietos de las distintas ramas familiares, trabajen o no en la compañía, y también a la familia política que sí esté trabajando en la empresa.

A los suegros o a los cuñados que no trabajan en la empresa no les considero miembros. No porque no tengan importancia, sino porque sus reflexiones sobre la sucesión familiar carecerán de relevancia, excepto por la opinión que darán a sus cónyuges, o por lo locos que puedan volverles.

## 2.2. El protocolo familiar

El protocolo familiar es un tema tan interesante e importante desde el punto de vista de la sucesión que voy a detenerme un instante a contarles qué es y para qué sirve. Lo voy a hacer desde un enfoque eminentemente práctico y, sobre todo, en lo que tiene que ver con la sucesión.

El protocolo familiar no deja de ser un documento de consenso, que deberá ser discutido, desarrollado, aceptado y firmado por todos los miembros de las distintas ramas familiares existentes en el momento de su creación, y que, posteriormente, deberá ser refrendado por los nuevos familiares que se incorporen a la unidad familiar.

Existen tantos tipos de protocolos como de empresas familiares, porque cada protocolo debe tener muy en cuenta las singularidades de la compañía de que se trata, pero, en general, todos los protocolos familiares pretenden regular las relaciones entre la familia y la empresa.

En realidad, el párrafo anterior tendría que comenzar diciendo que deberían existir tantos protocolos como empresas familiares. Aunque lo cierto es que en la actualidad no llegan al veinte por ciento las familias empresariales que lo tienen instaurado. Si no es este su caso, no lo dude, salga de ese ochenta por ciento ya.

Como veremos a lo largo de toda la obra, la complejidad de la empresa familiar nos obliga a pactar entre todos los miembros de la familia las reglas de juego por las que se regirá la relación entre la empresa y los familiares que conviven con ella, sean estos, o no, accionistas en la actualidad.

La mayoría de las personas piensa que los protocolos familiares tratan solo de dos asuntos: de cómo mantener el capital de la empresa en manos de la familia y de cómo fijar las normas que tendrán que cumplir los miembros para poder trabajar en la compañía. Pero la realidad es que el protocolo debería incluir otros muchos temas de calado y que yo he agrupado en:

- Todo lo relacionado con la historia, los valores y la cultura familiar, y de cómo afectará todo ello al futuro de la empresa y de la familia. Hablaremos en este caso del legado, del sentimiento de pertenencia y del propósito familiar.
- Aquello que tiene que ver con los derechos y las obligaciones de los miembros de la unidad familiar.
- El trabajo en la empresa familiar.
- La formación de los miembros de la familia.
- El proceso de sucesión.
- La protección del capital y de la propiedad.
- La política de dividendos.
- Los órganos de gobierno del protocolo y de la empresa familiar.
- La resolución de conflictos, las sanciones y las excepciones.

Antes de entrar en faena, y siguiendo con las preguntas que nos hacíamos en el capítulo 1 de cómo, cuándo y por qué, voy a tratar de responder, de manera sucinta, a estas tres cuestiones en relación con el protocolo familiar.

Respecto al cuándo, dependerá del tamaño de la familia, del número de hijos de los fundadores, etcétera, pero, en mi opinión, debería ponerse en marcha, como muy tarde, cuando los miembros de la segunda generación lleven ya algunos años en la compañía. Si su empresa se encuentra ya en manos de la segunda y de la tercera generación, no debería perder ni un minuto en ponerse manos a la obra.

En cuanto al porqué, como decía anteriormente, la singularidad de las empresas familiares y de las relaciones entre los distintos miembros de familia, propiedad y empresa nos alerta de la necesidad de crear un marco de convivencia y de actuación que recoja los pasos que debe ir dando la empresa considerando los aspectos que interrelacionan a todos sus miembros. Nos ayudará a planificar y a no tomar decisiones precipitadas sobre temas tan importantes como el futuro empresarial, el acceso de las siguientes generaciones al marco laboral o el proceso de sucesión del que se ocupa esta obra.

Todos los miembros de la unidad familiar conocerán las reglas de juego y deberán actuar en consecuencia. Ojo, que lo pactado en el protocolo ni es inamovible ni nos librará de conflictos, pero, sin duda, nos ayudará a conseguir los objetivos empresariales y familiares que deberán quedar perfectamente definidos en el protocolo.

Respecto al cómo, dos cuestiones: la primera sobre si debemos contar con la ayuda de asesores externos especializados en su realización, y la segunda sobre quiénes deben participar en su desarrollo. Esta última cuestión dependerá del número de miembros y de generaciones presentes en el momento de su puesta en marcha, pero, en general, creo que deberían participar los fundadores y un miembro de cada rama familiar.

El protocolo familiar debe ser un documento consensuado por todos los que lo vayan a firmar, por lo que las distintas ramas familiares deben estar presentes en su redacción, dando su opinión y, por qué no, defendiendo sus puntos de vista. Es más que posible que no todos estén al cien por cien de acuerdo con todo, pero es fundamental que tras la "negociación" todos los miembros de la familia estén orgullosos de lo que han conseguido construir y que sus actuaciones futuras estén guiadas por ese documento de consenso. No porque les obligue a ello, sino porque estén convencidos de que es el camino adecuado que deben seguir.

En cuanto a si debemos o no buscar la ayuda de expertos para su realización, creo que es más que conveniente. Como les decía, cada familia empresarial es tan diferente que necesitará un protocolo particular. Es cierto que el noventa por ciento de las cuestiones serán comunes en la mayoría de los casos, pero en ese diez por ciento restante será donde seamos capaces de diferenciar las distintas sensibilidades de nuestra empresa y de nuestra familia.

Busque un buen asesor que le ayude y le guíe durante todo el proceso, que tenga experiencia en protocolos de las más diversas empresas y familias, con cuyos ejemplos podrá ofrecerle soluciones. Que sirva de mediador o, mejor dicho, de aglutinador de las diferentes visiones, que no permita que olvidemos nada importante, ni que cometamos algún error de principiante. Tenemos a nuestra disposición múltiples fuentes de información que podrían ayudarnos en el proceso de elaboración del protocolo familiar. Y es posible que nos sintamos tentados a confeccionarlo sin acudir a ayuda externa, pero créame cuando le digo que es indispensable contar con expertos que nos orienten.

Como yo no soy uno de esos expertos (no vaya a creer usted que me estoy postulando), no me siento capacitado para desarrollar en esta obra los pasos necesarios que el proceso de elaboración del protocolo familiar debe seguir, pero sí que me permito recomendarle que se asesoren correctamente, sin que les quepa duda de mi honestidad por dicho atrevimiento.

Otro tema sobre el que lo animo a asesorarse, y que no tiene ya nada que ver ni con el cómo, el cuándo o el porqué, obedece a las dudas sobre la validez jurídica de los protocolos familiares. Le soy sincero al reconocer que es una cuestión que no tengo excesivamente clara, pero, tras haberla estudiado, me atrevo a darle un consejo. Que debería, sin duda, ser refrendada por algún abogado experto en la materia, si es que encuentra alguno que sea capaz de dársela.

El protocolo no deja de ser un contrato privado, entre las partes, firmado, normalmente ante notario, por los miembros de la unidad familiar, y, por tanto, tiene la validez legal que el ordenamiento jurídico otorga a estos documentos.

Alberto Govantes

El problema reside en que en estos protocolos se regulan cuestiones que podrían no resultar de aplicación, al contravenir normas imperativas.

Veámoslo con unos ejemplos:

Uno de los acuerdos típicos de los protocolos familiares, que estaría dentro de los artículos que tratan de proteger el capital social, manteniéndolo dentro de la familia, consiste en obligar a que los diferentes miembros, en caso de estar casados o de que vayan a estarlo, tengan que optar obligatoriamente por el régimen de separación de bienes, para que en caso, por ejemplo, de divorcio, el otro cónyuge no pueda exigir parte de las acciones de la empresa familiar.

¿Y qué pasa si, a pesar de haber firmado el protocolo, el miembro ahora divorciado no otorgó capitulaciones matrimoniales y se encontraba casado en el régimen económico-matrimonial de gananciales?

Pues que el régimen económico-matrimonial, determinado por el Código Civil y la voluntad de los cónyuges, está por encima del protocolo y el excónyuge tendrá todo el derecho del mundo a luchar por la propiedad de las acciones de la empresa familiar.

¿Y en caso de fallecimiento? Nos podemos encontrar con que, a pesar de estar casados en régimen de separación de bienes, el testamento del fallecido adjudique las acciones de la empresa familiar al consorte, o simplemente que no exista tal testamento. De nuevo nos encontraríamos en un caso en el que, al estar el testamento por encima del protocolo, el consorte podría no querer renunciar a sus derechos hereditarios y...

Las capitulaciones matrimoniales y el testamento de cada uno de los miembros de la familia deberían tener seguimiento tras la firma del protocolo, demostrando cada miembro que ha cumplido lo dispuesto en este, y que ha cambiado su régimen o realizado correctamente el testamento según se indica en el protocolo, pero la realidad es que es un tema delicado y muy difícil, sino imposible, de controlar.

Y el problema mayor en cuanto a la aplicación práctica del protocolo familiar y la obligatoriedad de su cumplimiento está directamente relacionado con los estatutos de la compañía. Los estatutos regulan el funcionamiento de la sociedad y el protocolo familiar no puede contradecirlos, por lo que o introducimos en los estatutos sociales aquellos artículos del protocolo que podrían contradecirlos, o este no tendrá más validez que la estrictamente moral de cumplir con lo firmado.

Lo anterior, con el límite de la inscripción de la modificación estatutaria en el registro mercantil, y la previa calificación positiva del registrador mercantil, lo que en algunas ocasiones podrá resultar complicado según el registrador que atienda nuestra solicitud.

Desde 2018 contamos con un nuevo instrumento que nos ayuda a que nuestro protocolo familiar esté más protegido jurídicamente. Recomiendo para su comprensión la lectura del informe publicado por el despacho Uría Menéndez titulado "El cumplimiento del protocolo familiar mediante prestación accesoria".

Viene a decir que a través de la inclusión de una prestación accesoria en los estatutos societarios los miembros de la familia firmantes del protocolo estarán obligados a cumplir con el mismo. Parece ser este un instrumento relevante en cuanto a la protección jurídica de los protocolos familiares y, por ello, resulta recomendable su puesta en marcha.

Por último, añadir que, como decimos más adelante, casi al final de este capítulo, existe la posibilidad de incluir sanciones por falta de cumplimiento de lo firmado en el protocolo. Tampoco queda claro si un juez, o un árbitro, en caso de que esta sea la solución pactada en el protocolo, en caso de conflicto acabará dando, o no, la razón a quien ha incumplido un artículo del mismo que es contrario a los estatutos, a las capitulaciones matrimoniales o al testamento en vigor.

Sin más que volver a recomendarle que se asesore correctamente sobre este tema, voy a pasar a señalar las principales disposiciones que deben incluirse en cualquier protocolo.

## La vocación de permanencia

Además de los aspectos de los que hemos estado hablando, los protocolos suelen tener una profunda carga de sentimentalismo y de espiritualidad.

Uno de los principales puntos que suelen venir reflejados explícita o implícitamente en ellos es el amor que debemos profesarle a nuestra empresa familiar.

No olvidemos que, en la mayoría de los casos, los fundadores y, muy probablemente también, sus hijos se habrán dejado la vida en su empresa. La considerarán un apéndice suyo, siendo para ellos la vocación de permanencia en la empresa familiar, irrenunciable.

Recuerdo con cariño las palabras que mi padre decía muchas veces a clientes o amigos: "Lo más importante en mi vida es mi esposa, seguido de mi empresa, y, ya luego, vienen mis hijos". Su sonrisa, buscando la nuestra, siempre acababa en carcajada de todos los allí presentes. Nadie dudaba de que era solo una forma de provocarnos, pero, afortunadamente, nunca se vio en la necesidad de elegir entre la empresa y nosotros.

Cuando hablamos de vocación de permanencia hablamos de compromiso, de lealtad y de responsabilidad. Del compromiso de los miembros de la familia para asegurar la continuidad y el desarrollo de la empresa, y de que la sirvan fielmente para mantener su cultura, sus valores y el legado que reciben.

Si pertenece a la segunda generación, esa vocación de permanencia suele estar presente en todos los que la componen, pero es bastante normal que el protocolo se realice antes de que entre a trabajar algún miembro de la tercera generación. Por tanto, los hijos que formarán en un futuro sus respectivas ramas familiares participan en su redacción, dan su opinión y, junto con los abuelos, acaban elaborando un protocolo de consenso que firmarán, habiendo podido influir en su espíritu.

Sin embargo, las siguientes generaciones tendrán que firmar un documento cerrado que les "obligará", entre otras cosas, a hacer suya esa vocación de permanencia. Serán lentejas, "si quieres las comes o si no las dejas". Ningún nieto se permitirá el lujo de no comérselas y firmará el protocolo, porque, de no hacerlo, estará renunciando, seguro, a trabajar en la empresa y, muy probablemente, a poder ser accionista en el futuro.

Además, tras muchos años habiendo trabajado mano a mano con el abuelo, los hijos habrán hecho suyo ese amor por la empresa y tendrán muy dentro ese sentimiento de permanencia, pero los nietos solo conocerán lo que sus padres les hayan contado y lo que ellos hayan podido percibir de lo que la empresa familiar ha supuesto en sus vidas.

¿Cuántas películas norteamericanas hemos visto en cuyo guion el papá no va a ver el partido de béisbol de su rubio hijo porque tiene que ir a trabajar? ¿A quién no le ha pasado alguna vez? ¿Cuántas veces hemos llegado a casa malhumorados por un mal día de trabajo? ¿Cuántas veces se nos ha escapado, en la cena delante de nuestros hijos, una queja sobre algún otro miembro de la familia o un "estoy hasta el gorro del curro"?

Además de ser cuidadosos con lo que les transmitimos, debemos ser conscientes de que cada minuto que pasamos con ellos es una oportunidad de ir enamorándoles o alejándoles de la empresa familiar.

Si de verdad tenemos ese sentimiento de pertenencia, estamos en la obligación de transmitírselo y de ilusionarles. Tenemos que conseguir que, cuando llegue el momento de que decidan si quieren entrar a trabajar en la empresa, lo hagan porque la sientan, porque crean que no hay mejor opción y no porque sepan que allí les darán un trabajo con el que podrán ganarse la vida.

Motivar y formar a las siguientes generaciones es poner la primera piedrecita para el futuro plan de sucesión.

## El legado y el eslogan del protocolo

Volviendo al ejemplo de las películas de Hollywood, ¿cuántas veces hemos visto en ellas a los presidentes de Estados Unidos preocupados por el legado que van a dejar? Su preocupación es dejar su impronta y que sean recordados por lo que, tras sus años de mandato, han dejado en pro del desarrollo de su país.

A todos nos gustaría que se nos recordasen por las cosas buenas que hemos hecho, pero, además, en el ámbito que nos ocupa, el legado tiene una doble acepción.

Cuando los fundadores ponen en manos de las siguientes generaciones la empresa familiar y nos piden que mantengamos su legado, nos están hablando de consolidar la compañía, siendo fieles a la cultura empresarial y a los valores que nos han transmitido durante años.

Por otro lado, el legado que nos transmiten es, desde el punto de vista patrimonial, la propia empresa. El legado es la empresa familiar en sí. Ponen en nuestras manos la gestión de su patrimonio y de su principal fuente de ingresos actual y futura. No deja de ser un ejercicio de valentía y de confianza en las siguientes generaciones que estas deberían sentirse obligadas a corresponder.

Para cualquier empresario, llegado el momento de su jubilación o de querer dar un paso atrás en su vida laboral o empresarial, lo más fácil sería vender su empresa y asegurarse el futuro económico, incluso el de sus hijos, si el valor de la compañía así lo permite. Sin embargo, muchos de ellos, haciendo caso a su corazón y llevados por el sano orgullo de asegurar su legado, la transmiten a sus hijos para intentar perpetuarla a lo largo de los años y de las generaciones venideras.

Las segundas, terceras o cuartas generaciones tendrán menos arraigado este sentimiento, pero se deben a ese legado que, con gran generosidad, les ha o les va a ser concedido.

Debemos comprometernos con el legado que nos van a transmitir nuestros padres y firmarlo con la promesa y la convicción de hacer lo posible por perpetuarlo y transmitirlo a la siguiente generación.

Me parece más que oportuno que un eslogan como el que le regalo resuma el principal objetivo de su protocolo.

> Nuestra obligación es transmitir la empresa a la siguiente generación en iguales o mejores condiciones que la hemos recibido.

Bonito. ¿No?

## El propósito empresarial y familiar

Desconozco si incluir un eslogan en el protocolo familiar es una práctica común, pero a mí me parece un acierto que en una sola frase podamos resumir su filosofía, sirviendo, además, de base para definir cuál es su propósito familiar.

Hace ya bastantes años los gurús empresariales pusieron de moda que las empresas debían tener, y compartir con el resto de la sociedad, una misión, una visión y unos valores. Últimamente, y para referirse más o menos a lo mismo, se está hablando del propósito empresarial.

Ambas "modas" vienen a decir más o menos lo mismo: cuál es el motivo o la razón por la que existe la empresa, hacia dónde queremos ir, apoyados en qué valores, cómo ayudamos a la sociedad o al medioambiente, o cómo queremos ser percibidos por los demás.

Este propósito empresarial no habla de maximizar beneficios o de desarrollar la empresa, ya que se entiende que estos objetivos son comunes para todas las compañías.

Desde mi punto de vista, la mayoría de los propósitos con los que se vinculan las empresas tiene un carácter "marketiniano" importante.

Algunos ejemplos de propósitos con alto contenido "comercial" de empresas conocidas podrían ser:

Red Bull: "Dar alas a las personas y a las ideas".
Nike: "Traer inspiración e innovación a cada atleta en el mundo".

Y otros ejemplos, tal vez más terrenales, podrían ser estos otros:

Google: "Organizar la información del mundo y hacerla universalmente accesible y útil".
Netflix: "Brindar a las personas la mejor experiencia de entretenimiento posible, permitiendo que los miembros vean lo que quieran, cuando quieran y como quieran".

La parte más interesante y práctica de los propósitos empresariales, por lo menos desde el punto de vista interno, está íntimamente relacionada con la estrategia de las compañías, pues esta debe cumplir con el mandato del propósito sí o sí. Cualquier acción que queremos poner en marcha debería estar en consonancia con él. Es lógico que Netflix invierta en una productora de cine, porque con ella creará contenidos que entretengan a sus clientes cuando y como quieran. Sin embargo, invertir en una cadena de clínicas dentales no estaría en consonancia con su propósito y no debería ni siquiera perder tiempo en estudiarla como posible inversión.

Me gustaría también aclarar que este propósito puede cambiar a lo largo de los años. La entrada de nuevo accionariado, un cambio tecnológico, una nueva legislación o cualquier otro factor que afecte a nuestra empresa pueden obligarnos a que tengamos que reinventarnos.

La mayoría de las empresas familiares no tiene definido ni su propósito empresarial ni su misión, ni su visión ni sus valores. Suele ser así porque en muchas de estas empresas no se le ha dado demasiada importancia a este asunto, porque, en realidad, los miembros de la familia tienen bieninteriorizados estos conceptos gracias a que los fundadores o las primeras generaciones que han ido consolidando la compañía, siguiendo la cultura empresarial y familiar, lo han ido transmitido al resto de ellas.

En cualquier caso, creo que no está de más definirlo y transmitirlo, tanto a los empleados y colaboradores como a los clientes, proveedores u otros actores del sector en el que nos movemos. Cuanto más grande vaya siendo la empresa, más nos costará afianzar y transmitir la cultura y el propósito que nos mueve. Teniéndolo definido, nos será más fácil conservarlo.

No debemos confundir este propósito empresarial con el propósito familiar, ni este con los objetivos personales de cada miembro de la familia. Ya hemos visto que el propósito empresarial tiene que ver con hacia dónde queremos que vaya la compañía y por cómo queremos que nos vean como empresa.

Cuando hablamos del propósito familiar, o como a mí me gusta llamarlo, del propósito de la unidad familiar, nos referimos a los objetivos que los miembros de la familia tienen para la empresa.

Tenemos que tomarnos la unidad familiar como si fuera un equipo de futbol. ¿Cuántas veces oímos a los narradores de los partidos decir que el equipo está relajado o que no sabe muy bien qué hacer?

Cada jugador tiene sus propios problemas y objetivos, pero si no van todos a una y cada uno tira para su lado, haciendo caso omiso al entrenador, será un desastre.

En nuestro caso, el propósito de la unidad familiar es el propósito del equipo. Debemos remar todos juntos para conseguir nuestro objetivo familiar, con independencia de que algunos miembros de la familia tengan otra sensibilidad u otros objetivos personales. Debemos valorar las opiniones de todos y discutir qué propósito nos guiará, pero no cabrá más que aquel o aquellos que sean acordados en el protocolo.

Decía antes que el eslogan del protocolo debería dejar bien a las claras el propósito familiar. Traspasar la compañía a la siguiente generación en igual o mejores condiciones que aquellas en las que la hemos recibido. Estamos hablando de preservar el legado, de desarrollar la compañía y de mantenerla dentro de la unidad familiar.

Tras este gran objetivo, existirán otros muchos secundarios que lo desarrollarán, como puede ser buscar que el crecimiento se realice sin aventuras que impliquen riesgos, generar empleo en el lugar en el que tenemos radicada nuestra sede o estar comprometidos social o ambientalmente. Cuanto más desarrollamos estos objetivos secundarios, más nos iremos acercando al propósito empresarial.

En cualquier caso, durante la elaboración del protocolo deberemos tomarnos el tiempo necesario para reflexionar sobre todos estos conceptos, para, una vez compartidos y discutidos con el resto de la unidad familiar, incorporarlos al nuestro. Sin duda, sentimiento de pertenencia, legado, eslogan y propósito familiar deben formar parte de él.

Llegar a un compromiso sobre la cultura y los valores que gobernarán nuestra forma de actuar es fundamental, y deberán quedar reflejados claramente en el documento.

En mi opinión, y aunque en algunos protocolos lo contemplen, el propósito empresarial no debería formar parte de este, sino que debería definirse y aprobarse en el marco del consejo de administración. No solo no podrá ir en contra del propósito familiar, sino que si este está bien definido, al final las pocas diferencias que existan entre ambos tendrán más que ver con la forma de expresar los mismos objetivos o con la manera de comunicarlos a nuestro entorno.

Como en el caso del propósito empresarial, el familiar también puede variar a lo largo de los años. En este caso suele deberse a cambios generacionales, malos resultados o crisis familiares de todo tipo, que puedan acabar rompiendo la unidad familiar.

Nuestro propósito familiar no es ni el mejor ni el peor. Es el nuestro. Cada familia empresarial debe buscar el suyo. Tan lícito es querer transmitir el legado como querer vender la empresa familiar, pero lo importante es que todos los miembros lo tengan claro y trabajen al unísono para llevarlo a buen fin.

## Los derechos y las obligaciones de los miembros de la unidad familiar

Aceptar el protocolo familiar tiene como consecuencia inmediata que nos comprometemos a cumplir con nuestras obligaciones como miembros de la unidad familiar, pero también que nos hemos hecho acreedores de unos derechos relevantes.

Es de Perogrullo recordar que la principal obligación será la de cumplir y hacer cumplir el protocolo, y que el principal derecho no es otro que pertenecer a la unidad familiar, con todos los beneficios que ello supone.

Pero a lo largo del protocolo deberán ir quedando claros esos otros derechos y obligaciones que la familia ha decidido hacer suyos plasmándolos en el documento. Cada protocolo tendrá los que la familia haya definido. A modo de ejemplo, y reflejando los más comunes, resaltaría los siguientes:

Derechos:
- A la remuneración pactada, tanto como ejecutivo como consejero.
- A los dividendos.
- A uno o dos puestos por rama familiar en el consejo de administración y en el consejo de familia.
- A la información de la empresa en todos los ámbitos, especialmente el financiero.
- A la entrada a trabajar en la compañía de nuevos miembros de la rama familiar, si se cumplen las condiciones establecidas.
- A una mentoría para los nuevos miembros.
- A la formación de cada miembro, a su desarrollo y a su carrera profesional dentro de la compañía.
- A tener un respaldo económico en caso de jubilación o de sucesión.
- A un respaldo económico para la pareja, el consorte o los hijos, en caso de fallecimiento del miembro-patriarca de la rama familiar.

Obligaciones:
- Cumplir y hacer cumplir los valores, la cultura y el propósito familiar.
- Anteponer la unidad familiar a los objetivos personales.

- Como imagen de la empresa que son, los miembros de la familia deben tener un comportamiento ejemplar tanto en su vida privada como en la profesional, alejándose de la ostentación social y empresarial.
- Cuidar de los empleados de la compañía con el cariño y respeto que se presupone a una empresa de carácter familiar.
- Abanderar la prudencia empresarial como guía del desarrollo de la compañía.
- Formarse adecuadamente para el desempeño de las funciones empresariales.
- Estar casado en régimen de separación de bienes.
- Realizar las disposiciones testamentarias pertinentes a favor de los descendientes directos.
- Abstenerse de vender sus acciones a terceros que no pertenezcan a la unidad familiar.
- Abstenerse de tener acciones u otro tipo de intereses en compañías competidoras.
- Abstenerse de utilizar las acciones de la compañía como garantía de obligaciones personales contraídas.
- Admitir el arbitraje como método de resolución de conflictos, si así se ha pactado.

**El trabajo en la empresa familiar**

Un punto indiscutible que debe formar parte de cualquier protocolo familiar es el que tiene que ver con los requisitos que se exigirán a los miembros candidatos para entrar a trabajar en la empresa.

Básicamente considera tres aspectos: compromiso, formación, incluyendo en este campo el dominio de idiomas, y experiencia previa en otras empresas.

Algunas compañías cometen el error de pensar que, con el cumplimiento de estos requerimientos, los nuevos miembros están lo suficientemente preparados para ocupar puestos directivos, creyendo que van a aportar valor a la empresa desde el minuto uno. Salvo alguna excepción que, desde luego, yo no conozco, la realidad es que el objetivo debe ser que cuando entren a trabajar en la empresa familiar estén lo mejor preparados posible y que se asienten las bases para que en un futuro puedan optar a esos puestos de responsabilidad para los que están llamados.

Estamos obligados a continuar su periodo formativo, tanto del conocimiento interno de la empresa como con la realización de los cursos, seminarios o másteres necesarios. Tenemos que ayudarles a mejorar, y debemos diseñarles una carrera profesional en la compañía que les prepare para los diferentes saltos que deberán ir dando a lo largo de su vida laboral.

Y esto está íntimamente relacionado con el plan de sucesión, porque si nuestra decisión sobre el futuro de la compañía es la de la continuidad familiar en su gestión, debemos tener una cantera bien formada que sea capaz de asumir, cuando proceda, la responsabilidad de liderar la compañía.

Desde mi punto de vista, los aspirantes deben acreditar:

- Su compromiso y fidelidad con la empresa, con la unidad familiar, su cultura y sus valores.
- Estar en posesión de un título universitario. Algunos protocolos exigen que dicha formación esté relacionada con el puesto y la carrera profesional prevista. Aunque a priori parece lo más lógico, yo no seria especialmente riguroso en este último aspecto, ya que, a los dieciséis años se les obliga a decidir si continuarán su formación por el lado de las letras o de las ciencias (sí, soy una antigualla), y a los dieciocho deberán decidir la carrera universitaria que estudiarán, decisiones, ambas, para las que no están ni maduros ni preparados. Y si a esto unimos que en el ámbito empresarial tampoco seremos capaces ni de evaluar su talento ni de predecir las necesidades futuras de la empresa, me parece más que suficiente que la exigencia se limite a la realización de una carrera universitaria, con independencia de cuál sea esta.
- La realización de uno o dos másteres, esta vez sí, relacionados con el puesto de trabajo que desempeñarán en el futuro.

- Tener un nivel alto de inglés.
- Experiencia profesional de, por lo menos, dos años en empresas y/o departamentos vinculados con su futura carrera profesional. Desde mi punto de vista, esta experiencia que vivirán es más que necesaria, porque les enriquecerá no solo porque aprendan a hacer un trabajo o nuevas metodologías, sino que, además, les permitirá vivir en sus carnes otras culturas empresariales. Aprenderán a tener un jefe, sin la protección que en el futuro le brindará la familia, conocerán la importancia y las consecuencias del trato respetuoso o de su falta, y un largo etcétera de intangibles que les ayudará a no ser unos hijos de papá, sino unos profesionales en los que la humildad y la empatía guiarán su forma de actuar en el futuro.

Algunos protocolos también fijan "bolas negras", o lo que es lo mismo, restricciones a la entrada a algunos familiares. La que suele traer más controversia es la de prohibir que la familia política entre a trabajar a la empresa. Yo soy un firme defensor de que nuestros cuñados o sus familiares no puedan hacerlo. Creo que es mayor el riesgo que corremos que los beneficios que permitirlo nos podría reportar.

Está claro que si su incorporación resultase positiva, sería un éxito, porque tendríamos a un nuevo miembro "tirando del carro", pero ¿y si va mal? ¿Y si tuviésemos que acabar despidiendo al marido de la presidenta porque es un vago? Sería dramático.

Otro caso parecido es el de otros familiares que no pertenecen a la unidad familiar. Mi recomendación es la misma: deberían ser excluidos como posibles candidatos. El motivo, el mismo, el "¿y si no valen?". Problemas que pueden alterar la buena convivencia.

Otra de las restricciones a la entrada tiene que ver no con la pertenencia o no a la unidad familiar, sino con el número de miembros por rama familiar que podrán acceder a ese derecho. En algunos protocolos queda regulado que solo puedan entrar a trabajar uno o dos nietos o bisnietos por rama familiar. Creo que es una medida que, aunque dura, puede ser acertada cuando estamos hablando de la cuarta generación en adelante, o cuando la segunda y tercera generación está formada por un número alto de familiares. Imaginemos que los abuelos fundadores tuvieron siete hijos y que estos de media tuvieron cuatro cada uno. Coincidirá conmigo en que dar entrada a veintiocho candidatos, por el hecho de ser nietos del fundador, no parece lo más razonable.

Tan convencido estoy de que no deberíamos permitirlo como de que eso no significa que les cerremos la puerta para siempre. Muchos de esos "pobres defenestrados", normalmente los más jóvenes, serán talentosos y triunfarán en la vida en otras empresas. Sin duda, a lo largo de los años y, sobre todo, cuando afrontemos los planes de sucesión, deberemos contar con ellos.

## La formación de los miembros de la familia

Durante toda la obra vamos a hablar una y otra vez de la importancia de la formación de los miembros de la unidad familiar, cuestión que debe tener un tratamiento específico dentro del protocolo familiar.

Hablamos de formación desde dos ópticas. Por un lado, de la que todos los miembros de la familia deben recibir con independencia de su posición y de su edad. Es necesario que los miembros actualicen sus conocimientos, tanto en lo que respecta a su posición actual como a las necesidades que tendrán a lo largo de su carrera profesional. Como miembros de la familia deberán además formarse en materias que no sean propias de su día a día, pero que están obligados a conocer como miembros de la unidad familiar, del consejo de administración o de familia. Me refiero a finanzas, comunicación o al funcionamiento de los distintos órganos de gobierno.

La segunda pata de la formación, a la que normalmente se da más importancia en los protocolos, es la que deben recibir los miembros candidatos a entrar a trabajar en la compañía. Una formación acorde con la carrera profesional que tengamos diseñada para ellos.

En los dos casos, los protocolos no suelen definir las materias que unos u otros deben cursar, más bien se limitan a señalar esta necesidad de

formación en un par de artículos que reconocen su importancia y su obligatoriedad.

Sí es cierto, y, desde mi punto de vista, acertado, dedicar algún capítulo a la figura del **mentor**, cuya principal función, en este ámbito, será la de encargarse del acompañamiento a las nuevas incorporaciones, en sus primeros pasos y en su desarrollo en la empresa familiar.

En mi opinión, y si se hace un trabajo serio, esta labor es fundamental porque ayudará al candidato a integrarse, a sentirse arropado y a conocer la empresa desde una perspectiva completamente diferente a la que su padre o hermano puedan transmitirle.

De la lectura del párrafo anterior adivinará que el mentor debe ser un miembro de la unidad familiar que corresponda a otra rama. Así lo pienso.

En los protocolos no se suele describir en qué consistirá esa labor de acompañamiento, ni durante cuánto tiempo debe de realizarse, lo que me parece lógico, porque cada candidato tendrá unas necesidades diferentes, y porque cada maestrillo, en este caso el mentor, tiene su librillo.

## El proceso de sucesión

No en todos los protocolos se fijan las reglas o los plazos para poner en marcha la sucesión en la compañía, cuanto menos quién será el sucesor.

En la mayoría de ellos ni se suele mencionar este proceso, lo que me parece un error, porque, en lo que fuera posible, el protocolo debería dejar sentadas las bases de cómo se llevará a cabo, el cómo, el cuándo y el porqué.

No es extraño que la redacción del primer protocolo familiar se realice, precisamente, porque la fecha de la sucesión va estando cada vez más cerca, por lo que tiene todo el sentido que esta sucesión se aborde en el documento.

En empresas que cabalgan entre la primera y la segunda generación, en las que el fundador tiene claro en quién depositará su confianza, puede incluso aparecer en el protocolo el sucesor designado.

Desde mi punto de vista, esto no es conveniente, y no ya porque el fundador ordene y mande, que para eso es el dueño de la empresa, sino porque el protocolo perdería su porqué. Dejaría de ser un documento de consenso que armonice la relación entre empresa y familia en el futuro, para pasar a ser una simple puesta en valor de la decisión del fundador, con un recorrido tan cortoplacista como el tiempo que transcurra hasta la sucesión efectiva.

Por supuesto que los protocolos no son inamovibles y que hay que ir adaptándolos a las nuevas circunstancias, pero, desde mi punto de vista, la elaboración de ese documento tan vinculado a una inminente sucesión condiciona el espíritu para el que debe de ser creado.

Por tanto, en mi modesta opinión, el protocolo debe contener el plan de sucesión, pero limitándose a poner las bases a cómo, cuándo y por qué se llevará a cabo.

En este sentido, sí que me parece interesante que trate asuntos como la edad máxima de jubilación de los miembros de la familia, tanto del ejecutivo como del consejo, la experiencia y formación mínima de los futuros candidatos a ocupar dichos puestos e, incluso, las principales fases e hitos que deberán producirse en el proceso de sucesión, y que muy bien podrían coincidir con las que propondré a lo largo de esta obra.

## La protección del capital y de la propiedad

Este es, junto con los requisitos que se exigirán a los nuevos miembros que quieran entrar a trabajar en la empresa, el tema estrella de los protocolos de familia. Proteger el capital de la compañía, para que no puedan entrar en su accionariado personas o instituciones que no pertenecen a la unidad familiar.

La mayoría de los miembros de la unidad familiar que apuestan por incluir cláusulas en el protocolo que impidan o, por lo menos, que compliquen que esto ocurra temen que si llegase a suceder, la empresa pudiese desestabilizarse, al entrar en la gestión culturas diferentes a la de la familia propietaria, que acabará llevándose por delante la compañía.

Estoy de acuerdo en que esto puede ser un problema a medio y largo plazo, pero me preocupa también el perjuicio que puede causar en la empresa y en la familia que un miembro, accionista de la compañía, que no quiere seguir siendo socio de la empresa esté obligado a ello.

Es un tema controvertido en el que, muchas veces, corazón y cabeza van cambiando de bando ante los convincentes pros y contras que ofrecen ambas opciones.

Se trata de cláusulas que prohíben o complican, hasta el máximo posible, la enajenación de acciones en favor de terceros ajenos a la unidad familiar. En ocasiones, la mayoría diría yo, contradicen lo estipulado en los estatutos, por lo que los litigios no se harán esperar.

La solución que establecen los protocolos para que el miembro de la familia que quiera salir pueda hacerlo suele ser bastante limitada. El primer derecho de adquisición estaría en manos de sus hijos, si los tuviese, o incluso de su consorte, cuando no se fija lo contrario en el propio protocolo. A continuación serían los accionistas familiares, quienes tendrían ese derecho de compra. En ambos casos, esto puede no ser la solución, ya que es más que plausible que por falta de liquidez, o incluso de interés, nadie acuda a la llamada.

Una tercera opción sería la amortización de las acciones por la propia compañía, lo que se puede valorar siempre y cuando no pusiésemos en riesgo una posible descapitalización de la sociedad.

En algunos protocolos sí se contempla que, una vez han pasado los plazos en los que los que ostentan los derechos de adquisición no han respondido afirmativamente, el familiar vendedor podrá vender sus acciones a un tercero ajeno a la familia, en cuyo caso deberá satisfacer al resto de accionistas una importante cantidad de dinero, a modo de sanción.

El caso concreto de una sucesión es probablemente el que más riesgos entraña, porque si se lleva mal, o incluso aunque se haga todo correctamente, es posible que alguna de las ramas familiares no esté de acuerdo con el resultado del proceso y que prefiera salir de la compañía, tanto en el ámbito laboral como en el patrimonial, como accionista de esta.

En resumen, creo que es necesario proteger el capital en el marco del protocolo familiar, y hacer las modificaciones estatutarias necesarias para mitigar la posible judicialización del caso. Pero estoy también convencido de que el protocolo debe servir más como arma persuasiva que como impedimento infranqueable.

Creo que tan malo es que entre en el capital un tercero como que obliguemos a quien no quiere ser nuestro compañero de viaje a que lo sea. Son tantos los problemas que nos podemos llegar a encontrar a nivel empresarial y familiar que, si llega el momento, deberemos plantearnos si no es más conveniente buscar una solución de compromiso.

Soy un firme defensor no solo de que no se le ponga impedimentos a quien quiere irse, sino que creo que debe facilitarse su salida ordenada, con el fin de controlar el cómo y el con quién. En lugar de entorpecer el proceso, pienso que lo más inteligente sería tratar de liderarlo para buscar el socio que creamos más conveniente. En función de la situación de la compañía, podría interesarnos que nuestro nuevo compañero de viaje fuese una empresa tecnológica que nos ayudase a dar el salto, o una financiera que solo buscase sacar un rédito a su inversión. Lo que es seguro es que hay otras empresas que no queremos ver ni en pintura en nuestro futuro consejo de administración, como podría ser un posible competidor, pero, en fin, eso ya se valoraría si, desgraciadamente, llega el momento.

## La política de dividendos

Otro de los puntos que suele aparecer en los protocolos es la política de dividendos que adoptará la compañía en el futuro.

Desde mi punto de vista, solo tiene sentido que haga referencia al máximo porcentaje de los dividendos que la familia estima conveniente repartir, dejando además reflejado que será el consejo de familia el que propondrá cada año al consejo de administración, y este a la junta de accionistas, el tanto por ciento de los beneficios a repartir como dividendos.

Muchas compañías familiares tienen como objetivo principal el crecimiento empresarial, y por ello la costumbre de no repartir beneficios, lo que en ciertas etapas de la vida de la empresa me parece acertado. Algunas de ellas dejan reflejado en el protocolo, precisamente, que no se repartirán dividendos hasta nueva orden. Es una opción como otra cualquiera, pero creo que es innecesario que quede reflejado en el protocolo y que puede desincentivar a los familiares que no trabajan en la compañía.

Me parece mucho más acertado poner un límite al máximo a distribuir y que durante los años que se decida que no es el momento de repartir pues no se haga.

## Los órganos de gobierno del protocolo y de la empresa familiar

Mediada la obra profundizaré algo más en este asunto, aunque me gustaría dejar algún apunte en el ámbito del protocolo.

Siguiendo el título de este apartado, hablaremos de órganos de gobierno de la empresa para referirnos básicamente a la junta de accionistas, al consejo de administración y al comité ejecutivo o directivo de la compañía.

Y de los órganos de gobierno del protocolo, al consejo de familia y a la asamblea familiar.

Sobre los órganos puramente empresariales, unos breves apuntes: además de aclarar que es posible que en su empresa no exista el comité ejecutivo, o que se denomine de otra manera, lo más común es que exista en todas las compañías, se llame como se llame.

El protocolo nos brinda la posibilidad de dejar reflejada la composición y las funciones de estos dos órganos, el consejo de administración y el comité ejecutivo, cuya frontera muchas veces es confusa en términos de competencias y de funciones, aunque, normalmente, lo que se decida en el comité ejecutivo deba refrendarse por el consejo de administración. Dejo en sus manos decidir quién tira de quién, pero sí que me parece interesante que en el protocolo quede, cuando menos, definida la política de aprobación de las inversiones de la compañía.

Por poner un ejemplo: las inversiones de menos de cincuenta mil euros podrán ser aprobadas por el director general; las de hasta doscientos mil, por el comité ejecutivo, y las de mayor importe, por el consejo de administración. Evidentemente, estas cifras variarán en función del tamaño de cada compañía.

Muy relacionado con lo anterior: es asimismo conveniente incluir en el protocolo la política de firmas, poderes, que implantaremos, en función de los importes a los que nos vamos a comprometer.

Si existe la figura del consejero delegado, lo normal es que tenga la capacidad y el mandato, por parte del consejo de administración, de firmar casi todo, por lo menos todo lo que tiene que ver con el día a día de la compañía. Pero incluso en este caso es conveniente que, para ciertas operaciones, exista una segunda firma necesaria.

Si en lugar de que el primer ejecutivo actúe como consejero delegado lo haga tan solo como director general, la política podría ser un poco más restrictiva. Desde mi punto de vista, y buscando la agilidad de la empresa, creo que se podría adoptar la misma precaución enunciada en el párrafo anterior.

Habrá familiares que, por no fiarse o por querer controlar cada operación, se opongan a ello, pero no deben dejar que ganen esa batalla, o la empresa se ralentizará dramáticamente.

No hagan como una empresa que conozco bien, que, para según que cantidades, llega a exigir la firma de cuatro de los cinco consejeros que componen su consejo de administración.

Otro aspecto que debe contemplar el protocolo es la composición del consejo de administración, desde dos vertientes: la primera en relación con si se admitirá que existan consejeros independientes, y la segunda describiendo cuál será su composición en términos de ramas familiares o, incluso, de nombres concretos.

Estos acuerdos deberán ser aprobados por la junta de accionistas y por los propios accionistas en sí. La junta es el órgano que tiene la potestad de nombrar a los consejeros, y los socios, individualmente, pueden exigir tener un sillón en el consejo si las cuotas de propiedad de las acciones de la compañía así se lo permiten, a pesar de lo que dictamine el consejo de familia. Hablaremos de ello más adelante.

También lo haremos de los órganos de gobierno del protocolo, o de los órganos de carácter familiar. Un par de matices.

El único de carácter obligatorio debe ser el consejo de familia, porque será el órgano que vigile el cumplimiento del protocolo, y en cuyo seno decidiremos la realización de cambios en el mismo o la aprobación de excepciones concretas en momentos concretos. Por ejemplo, permitir que un candidato que no cumple al cien por cien los requisitos entre a trabajar en la compañía.

En muchos casos, sobre todo durante las primeras generaciones, lo normal es que la mayoría de los miembros del consejo de administración lo sean también del consejo de familia. Sea así o no lo sea, la realidad es que el único que puede tomar decisiones vinculantes para la compañía es el consejo de administración, quedando por tanto la labor del consejo de familia limitada a proponer al de administración lo que estime oportuno, en los aspectos de su competencia para los que fue creado.

Un ejemplo. Si el consejo de familia determina que ha llegado el momento de ascender a uno de los miembros a director financiero, ya puede decir misa, porque si el consejo de administración, que tiene la competencia en las políticas de contratación y de remuneraciones de los ejecutivos de primera línea, dice que no, será que no.

En la mayoría de los casos es difícil que los derechos de voto difieran mucho de uno a otro órgano, pero a veces así sucede, y creo que es bueno recordarlo y que se acostumbren a trabajar en cada órgano con la camiseta que les corresponde.

La asamblea familiar no es el otro único órgano de gobierno del protocolo que existe, pero sí el más común. Verán, en su debido momento, que para mí es más que conveniente la creación de otro órgano, un tercero, al que denomino comité junior, que estará formado por los familiares de las generaciones entrantes.

Estoy convencido de que debe crear ese comité en su empresa, y de que debe quedar regulado en su protocolo.

Respecto a la asamblea familiar, de la que también hablaré más adelante, un pequeño adelanto. Creo que debe ser un órgano que no tenga capacidad de tomar decisiones, que para eso está ya el consejo de familia, y que su únicas funciones deben ser la de unir a la familia, la de mantenerla informada y la de dejar su impronta en las generaciones venideras.

## La resolución de conflictos, las sanciones y las excepciones

El protocolo familiar debe establecer mecanismos para la resolución de los conflictos que puedan surgir una vez firmado el documento.

Antes de acudir a las dos vías legales con las que podríamos contar, la jurisdicción ordinaria y los tribunales de arbitraje, deberá ser el consejo de familia el que estudie las discrepancias surgidas, y el que trate de buscar un acuerdo entre las partes, ejerciendo un papel conciliador.

No se trata en este caso del incumplimiento del protocolo por algún miembro de la familia, sino de discrepancias surgidas por la interpretación de este.

Si el consejo de familia no fuese capaz de resolver el conflicto, entonces sí, lo más probable es que el caso acabase en los tribunales, ya sean estos los ordinarios o los de arbitraje.

La elección entre uno u otro ha de quedar definida en el protocolo. La justicia ordinaria es tan lenta que mi recomendación sería acudir al arbitraje institucional, cuya única pega es el coste que tiene, pero nada comparado con lo que nos supondría, en términos económicos y emocionales, acudir a nuestra lenta justicia.

Con independencia de lo anterior, el protocolo familiar podrá fijar sanciones a los firmantes que lo incumplan. Podrán ser de una cuantía económica fija o de un porcentaje de, por ejemplo, lo conseguido por la venta de las acciones a un tercero. Suelen ser sanciones de importes elevados, porque no olvidemos que el motivo de su inclusión no es cobrarlas, sino desanimar a los miembros de la familia a hacer según qué cosas.

Como habrá podido comprobar, el protocolo familiar podría llegar a ser excesivamente rígido y duro, por lo que, todos ellos, suelen dejar lugar a posibles excepciones.

Pueden ser de toda índole, desde hacer una excepción con un candidato de la familia que no cumple con todos los requisitos para entrar a trabajar en la empresa familiar a permitir que algún miembro venda sus acciones, pasando por temas más simples, como, por ejemplo, que una rama familiar quiera cambiar a sus representantes en el consejo de familia, si es que este asunto también tiene establecido algún tipo de limitación.

Es potestad del consejo de familia admitir o no la excepción, teniendo que ser el miembro interesado quien lo solicite formalmente al presidente, y formando parte dicha solicitud del orden del día de la convocatoria.

Llegado a ese punto del orden del día, el interesado argumentará su propuesta y luego se ausentará de la sala para que el resto de los miembros puedan votar.

Los porcentajes de votos necesarios suelen variar en función de la importancia de la excepción que se pretende conseguir; normalmente están entre el sesenta y el ochenta por ciento.

Personalmente, el ochenta por ciento me parece demasiado elevado, y supongo que a usted también, pero no olvide que el protocolo familiar es un documento que se aprueba por unanimidad, lo que justifica que cualquier excepción a lo en él previsto deba ser admitida por una amplísima mayoría.

## 2.3. Los objetivos personales de cada miembro

Como decíamos en el apartado anterior, cada miembro de la unidad familiar tiene sus propios objetivos o propósitos, tanto en lo que a su vida personal y su vida profesional se refiere como, también, en cuanto a cómo le gustaría que fuese su relación con la empresa familiar.

Muchas veces nos cuesta reconocer que, aunque esos objetivos no coincidan con los nuestros, son igualmente lícitos y deberemos tenerlos en cuenta para cualquier decisión que tomemos tanto en el día a día como en el proceso de sucesión.

Uno de los errores que, con mayor frecuencia, suelen cometer los fundadores es el de no preocuparse excesivamente por las inquietudes de sus hijos, y uno de los fallos también más comunes de las siguientes generaciones suele ser el preocuparse solo de lo que piensan sus hijos, sin importarles la opinión de sus hermanos o sobrinos.

Es curioso, pero así suele suceder. Los abuelos tratan de imponer a sus hijos los objetivos por los que se debe luchar, al sentir la empresa como algo suyo. Sin embargo, los hijos se centran en proteger el espacio y el futuro de sus descendientes.

Este asunto, en clave de sucesión, es el primer tema que debemos afrontar y corregir. No todos los objetivos personales van a tener cabida, ni en el propósito, ni en la estrategia ni en la sucesión empresarial. Pero para tomar cada una de estas decisiones hay que hacer lo posible para buscar, si no la unanimidad, una gran mayoría, en la que la minoría se haya sentido, por lo menos, escuchada y valorada.

Debo dar la razón a los gurús de la empresa familiar cuando recalcan que el gran problema que puede poner en riesgo a estas compañías es, precisamente, la falta de entendimiento entre los diferentes miembros o ramas familiares.

No es difícil encontrar ejemplos de empresas que han acabado desapareciendo debido a conflictos familiares, o familias que han dejado de hablarse por conflictos empresariales.

Cuando se inicia la construcción del protocolo familiar la primera cuestión que se debe dilucidar es si su espíritu debe tener un enfoque más empresarial o familiar o, lo que es lo mismo, si debemos dar prioridad a la empresa o a la familia. No todos opinarán igual. Habrá quien, por ejemplo, prefiera ser más laxo en cuanto a los requisitos para que las nuevas generaciones entren a trabajar, mientras que otros pensarán que es más conveniente ponerles las cosas mucho más difíciles.

Es necesario alcanzar un buen punto intermedio, en el que, eso sí, debe quedar claro que las decisiones que se tomen con relación a la empresa deben sustentarse solo en motivaciones empresariales. La empresa estaría por encima de la familia, porque lo contrario pondría en riesgo a la compañía, pero también debe quedar patente que el bienestar de cada miembro tiene que ser una preocupación para toda la familia. Y eso supone, para empezar, preocuparse de las inquietudes de cada uno de ellos.

Desde el punto de vista laboral nos encontraremos con diferentes objetivos y expectativas:

- Tendremos a miembros que quieren trabajar en la empresa, sin especiales aspiraciones en cuanto al puesto a desarrollar.
- Otros, sin embargo, no podrán entender que no se cuente con ellos para los puestos más importantes.
- Estarán también los que se sentirán bien donde les hayamos ubicado, pero otros movimientos familiares les provocarán unos celos terribles.
- Otros no querrán trabajar en la compañía familiar.

Desde el punto de vista de propietarios o futuros propietarios, también tendremos un amplio abanico:

- Unos querrán mantener la propiedad de la empresa.
- Otros, venderla en su totalidad.
- Habrá quien quiera desprenderse de su parte, con independencia de que el resto continúe.
- O quien quiera vender parte de las acciones para hacer algo de caja, o para dar entrada a socios que ayuden a impulsar la empresa, pero manteniendo la familia, la mayoría.

Desde el punto de vista de la sucesión y del modelo de gestión:

- Algunos pensarán que la mejor opción es que la empresa la dirija un ejecutivo externo.
- Probablemente la mayoría preferirá que lo haga un familiar. Cada uno tendrá su candidato.
- Seguramente cada padre buscará lo que crea más conveniente para sus hijos.
- Habrá quien proponga que lo evalúe, e incluso decida, un asesor externo.

Tan solo he puesto cuatro ejemplos de cada, que entremezclados y combinados entre sí nos dan decenas de posicionamientos que "seguro" se darán en nuestra empresa familiar. ¿A qué dan ganas de salir corriendo? Pues no podemos, y no solo porque correr sea de cobardes y de malos toreros, sino porque el éxito de la empresa y de su sucesión pasará por que lleguemos a una entente entre todos o, por lo menos, entre una mayoría amplia.

## 2.4. ¡Qué bien nos llevamos todos! O no

Afortunadamente, estamos hablando de llegar a un acuerdo entre miembros de una misma familia, en la que todos se llevan estupendamente bien.

Seguro que usted estará pensando "pues eso será en la tuya, tío".

Sin duda, cuánto peor se lleve a nivel personal la familia, más complicado será todo. Desde el día a día de la empresa al proceso de sucesión. Hermanos que llevan años sin hablarse, primos que no se soportan, celos, desconfianza…

No hay que ser muy inteligente para darse cuenta de que cuanto peor se lleve la familia, más difícil será el proceso de sucesión. Como tampoco hay que serlo para entender que "todos" deberán hacer un esfuerzo extra para llegar a un entendimiento en pos de salvaguardar la empresa, y de no empeorar más las relaciones familiares.

Si la conclusión del apartado anterior es que debemos actuar con la mayor empatía y generosidad posible con el objetivo del bien común, en este es que necesitamos ser lo suficientemente inteligentes para poner la empresa por encima de las relaciones personales, para así proteger nuestro patrimonio de la manera que se estime más conveniente, aunque sea a través de su venta.

Si los objetivos de cada miembro son tan dispares que creemos que sin contratar a un asesor no podremos llegar a una sucesión admitida por la mayoría, hagámoslo.

Si para el proceso de sucesión necesitamos que un intermediario nos ayude a evitar enfrentamientos estériles, hagámoslo.

Creo sinceramente que en esto es en lo que más puede ayudarnos un asesor externo, como también pienso que si, a pesar de los pesares, algún miembro de la familia puede ejercer esa función de intermediación y de búsqueda del entendimiento, debemos apostar por él, y convencerle de que dé un paso adelante. Hagámoslo.

Sea como sea, el proceso de sucesión de su empresa le espera.

# CAPÍTULO 3

EL PROCESO DE SUCESIÓN

Como ya he dejado ver, tendremos tantos tipos de sucesión diferentes como tipos de empresas familiares existen, pero creo que las cuestiones que vamos a tratar en este capítulo serán comunes a la mayoría de los procesos de sucesión.

Para ilustrar mejor las explicaciones, en lo sucesivo, voy a referirme al siguiente ejemplo:

*Empresa familiar llamada Cúchame, S. A. que se dedica a la fabricación y venta de audífonos.*

*Tiene su sede y fábrica en Cádiz. Factura veinticinco millones de euros, tiene un EBITDA de cinco millones de euros y ciento veinte empleados.*

*Los actuales propietarios son los cuatro hijos de los fundadores, que ya fallecieron, ostentando cada uno un veinticinco por ciento del capital.*

*Tres de ellos trabajan en la empresa y el cuarto también lo hizo, hasta que hace diez años decidió dedicarse a otros menesteres.*

*María es la hermana mayor, tiene sesenta y dos años y es la actual directora general y presidenta, tiene tres hijos. Sus dos hijos mayores, Mar, de treinta y dos, y Mario, de veintinueve, trabajan como director de fábrica y jefe de producto respectivamente. El tercero, Miguel, de veintisiete, trabaja como monitor personal en un gimnasio.*

*Vicente, que no tiene hijos, tiene sesenta años, es el hermano que dejó la empresa hace diez.*

*Luis acaba de cumplir los cincuenta y ocho. Es el actual director comercial. Tiene dos hijos, ambos trabajando en la compañía: Laura, de treinta y tres, que es la responsable de exportación, y Lope, de treinta, que es el subdirector del departamento de informática.*

*La más joven es Rosa, cincuenta y cinco años. Directora financiera. Sus dos hijos, Raúl y Reme, continúan estudiando, y su intención es que entren a trabajar en la empresa familiar cuando sea posible.*

*Los cuatro hermanos son los únicos miembros del consejo de administración de la sociedad, ostentando María, como ya hemos dicho, el puesto de presidenta.*

*En vida de sus padres firmaron un protocolo familiar sencillo para, sobre todo, dejar claros los requisitos que exigirían a la tercera generación para ganarse el derecho a trabajar en la empresa. Miguel, que estudió INEF, no los cumple y por eso no trabaja en la compañía.*

*También formaron un consejo de familia que solo se reúne cuando uno de los nietos presenta su candidatura para pasar a formar parte de la empresa. Es-tán representadas las cuatro ramas familiares por los cuatro hermanos y sus hijos mayores, a los que no suelen convocar a las pocas reuniones que realizan.*

En cualquier caso, reitero que no pretendo crear un catecismo sobre la cuestión, sino únicamente ayudarle en su reflexión y conseguir que no olvide ningún detalle que podría ser importante.

## 3.1. El lanzamiento del proceso

En el capítulo en el que hablábamos del **cuándo** ya dejábamos claro que debíamos acometer la sucesión con el tiempo suficiente para hacerla ordenadamente, y, a ser posible, cuando la situación empresarial fuese buena, y las relaciones familiares también.

Una vez tengamos clara nuestra intención de acometer el asunto, deberemos reunir al órgano pertinente para sentar las bases de cómo realizaremos el proceso.

Digo órgano pertinente porque en unas empresas será el consejo de administración; en otras, el consejo de familia, e incluso en algunas se reunirá, simplemente, el abuelo con sus hijos.

De esta primera reunión debemos salir, por lo menos, con algunas cosasclaras:

- Que los allí presentes entiendan el **cuándo** y el **por qué.**
- Que les quede claro que el proceso es irreversible.
- Decidir qué órgano de gobierno velará por el proceso y, si es posible, qué miembro de la familia lo liderará.
- Los deberes de cada asistente para la siguiente reunión.

Estas tareas o deberes tienen que ver con **el cómo.** Les pediremos que hagan un ejercicio de reflexión para que en las reuniones posteriores tengan clara su postura en cuanto al proceso de sucesión en general y en cuanto a tema concretos del mismo, como pueden ser sus preferencias sobre la conveniencia o no de contar con ayuda externa, sobre quién debería ostentar el liderazgo del proyecto, o incluso si, sin entrar en candidatos concretos, se inclinan más por algún miembro de la familia o por uno que no lo sea, como primer ejecutivo.

Se les recomendará, también, que por el momento no compartan esta reflexión con su rama familiar. Ya habrá tiempo de hacerlo cuando el proceso esté más avanzado.

En cuanto a qué órgano debe supervisar el proceso, la mayoría de los asesores le dirá que debería encargarse el consejo de administración, y otros, que el consejo de familia.

Como ya se habrán dado cuenta, soy un poco "contreras". En mi opinión, ni uno ni otro. Crearía un comité de sucesión, que no tiene por qué dotarse de ninguna formalidad, cuyos integrantes dependerían del tipo de sucesión a la que nos enfrentamos.

Si la sucesión es la del abuelo, debería estar compuesta por los abuelos y los hijos que trabajen o hayan trabajado hasta hace poco en la empresa. Por supuesto que en el futuro contaremos con los que no lo hayan hecho, pero no aportarían demasiado en esta primera fase.

Si se trata de la sucesión de un miembro de la segunda generación, ya sea por otro hermano o por un nieto, la composición del comité sería exactamente la misma.

En el caso de tercera generación en adelante, debería estar formado por un miembro de cada rama familiar.

Se convocará a los miembros de esta comisión a una segunda reunión, en la que ya sí se dejarán claros los siguientes pasos a dar, estableciendo un calendario. También se deberá decidir si se hará con ayuda externa y quién liderará el proceso de sucesión.

Una vez acordados esos puntos, ya sí habrá llegado el momento de contar el proyecto a los demás miembros de cada rama familiar.

**En nuestro ejemplo**, *el comité de sucesión estará formado por María, Luis y Rosa, los tres hermanos que actualmente trabajan en Cúchame.*

*En la primera reunión, María confirma su intención de jubilarse dentro de tres años, cuando cumpla los sesenta y cinco, Luis manifiesta que no sabe muy bien si se postulará o no a sucederla, y pide tiempo para pensárselo, y Rosa deja claro que ella no está interesada.*

*Viendo la postura de Rosa y que ninguno de sus hijos está trabajando en la empresa familiar, los tres deciden que sea ella quien lidere el proceso.*

*Los tres se sienten más cómodos sin la participación de un consultor externo que les ayude a llevarlo a cabo. También aceptan la propuesta de Luis de que si no llegan a un acuerdo, no se descarte recurrir a este tipo de asesores.*

## 3.2. El calendario

Como cualquier proyecto importante, el de sucesión debe tener un calendario claro y cerrado. En este caso existen otras razones que así la aconsejan. Normalmente, quien lidere el proyecto tendrá que dedicarle un tiempo importante, sin que por ello pueda dejar sus funciones habituales. Si no fijamos un calendario con diferentes hitos, correremos el riesgo de que el líder, hasta arriba de trabajo, lo vaya dejando para la "semana siguiente". Pero es que, además, muchas de las reuniones que debe tener con otros miembros no serán especialmente agradables o apetecibles, por lo que unos y otros podrían tener la tentación de dejarlas también para la "semana siguiente".

No es necesario ser especialmente ambicioso con el calendario, pero tampoco debemos permitir que se dilate en el tiempo más de lo deseado.

El proceso creará demasiadas incertidumbres entre los diferentes miembros de la familia como para que se alargue más de lo estrictamente necesario.

Podrían, incluso, variar los comportamientos entre los que quieren sacar pecho para así poder posicionarse, o entre los que no quieren que otros lo hagan. No hagamos sufrir más de lo necesario a los candidatos, ni a sus padres.

Los hitos más importantes que hay que calendarizar son:

En el caso de que hayamos decidido contratar ayuda externa:

- Fecha en la que se recibirán las propuestas de los consultores externos a los que pediremos una oferta.
- Fecha en la que tomaremos la decisión sobre quién nos acompañará en el proceso.
- El resto de los hitos y de las fechas estarán, seguro, en la propuesta ganadora.

En el caso de que no vayamos a contratarla:

- Horquilla de fechas en las que el líder se entrevistará con los miembros de la familia.
- Reunión del comité de sucesión para compartir las primeras

impresiones del líder en cuanto a posibles candidatos, tanto internos como externos, posibles conflictos, etcétera. Lo que viene siendo "acercar posturas".

- Horquilla de días para nuevas reuniones individuales o grupales con los candidatos internos, o con las ramas familiares.
- Presentación de la propuesta por el líder al comité de sucesión.
- Si no se llegase a un acuerdo y fuese necesario, nueva horquilla de fechas para la resolución de conflictos y dudas surgidas en el comité anterior.
- Fechas máximas para la aprobación del plan de sucesión por el comité, y para la aprobación por parte del consejo de familia y/o por el consejo de administración y/o por la junta de accionistas, dependiendo de la composición y régimen de funcionamiento de los diferentes órganos de gobierno.
- Comunicación a la familia de la decisión tomada.
- Una vez aprobado el plan, pasaríamos a una segunda fase, que veremos con detalle más adelante, en la que consideraremos cuándo es pertinente hacer público el plan de sucesión en la empresa, un nuevo calendario con los principales hitos hasta que se complete la sucesión, las necesidades de formación de los sucesores, los posibles cambios en el organigrama, etcétera.

**En nuestro ejemplo,** *como los miembros de la familia no son demasiados, podríamos diseñar un calendario como el que sigue:*

- *Días uno a treinta: entrevistas con los miembros de la familia.*
- *Día treinta y siete (una semana después): reunión del comité de sucesión para presentación preliminar y para tratar de acercar posturas.*
- *Días treinta y ocho a cincuenta y tres (dos semanas): nuevas reuniones con algunos miembros de la familia.*
- *Día sesenta (una semana después): presentación de la propuesta del plan de sucesión.*
- *Día sesenta y uno: si se aprueba la propuesta por una amplia mayoría, se comunicaría a la familia al día siguiente y posteriormente se convocaría un consejo de administración para su aprobación definitiva. Pasaríamos a la segunda fase.*

*- Día sesenta y uno a setenta y cinco: nuevas reuniones para intentar desbloquear los motivos por los que no ha sido aceptada la propuesta.*

*- Día setenta y seis: nueva propuesta al comité de sucesión. Si continuase sin aprobarse por una amplia mayoría, habría que decidir cómo continuar, si hacer un nuevo intento con nuevas reuniones, si contratar a un externo que evalúe a los candidatos y presente su propuesta o, simplemente, llevarla al consejo de administración y que se vote, siendo esta última, para mí, la peor de las opciones.*

*Esta primera fase del proyecto duraría, por tanto, dos meses y medio, en el caso de que se apruebe la primera propuesta. Si no fuese así, podríamos irnos a más de medio año.*

## 3.3. El líder del proceso

La persona que lidere el proceso de sucesión, ya lo hemos dicho, debería ser elegida por unanimidad, o por lo menos, por una amplia mayoría.

Pudiendo haber tantos intereses contrapuestos entre los distintos miembros de la familia, contar con una persona que tenga la confianza de todos ellos es más que fundamental.

Esa confianza no se refiere solo a creer que el líder va a obrar con justicia, magnanimidad y pensando únicamente en lo que es mejor para la empresa, sino también a que los diferentes miembros de la familia se sientan cómodos a la hora de transmitirle sus inquietudes, porque para abrirse a él han de tener la seguridad de que el líder va a guardarse para sí mismo sus opiniones, sus predilecciones o sus "bolas negras".

En lo posible debería ser algún miembro de la familia que conozca bien tanto la estructura empresarial como al resto de familiares. Si, por el motivo que sea, nadie de la familia es merecedor de esa confianza, también podría ser una buena opción que esta responsabilidad recaiga sobre algún ejecutivo, asesor o consejero de la compañía que por los años que lleva trabajando o colaborando con la misma tenga la confianza de casi todos.

Suelen ser personas muy cercanas a la mayoría de los miembros, en algunos casos hasta casi primos, por lo que creo que podrían hacer una excelente labor. Ahora bien, mi propuesta sería que se tratase de un miembro de la familia.

Recomiendo además que el líder no fuese el presidente, el CEO o el director general de la compañía, porque creo que, en la mayoría de los casos, tendrá ya una opinión formada de quién le gustaría que le sucediese, y considero necesario abrir el proceso a otras opiniones que no tengan tanto predicamento.

Tampoco debería optar a este liderazgo ningún miembro que forme parte de las ramas familiares que aporten candidatos a la sucesión del primer espada. Podría haber un alto componente subjetivo en sus propuestas.

Aunque la empresa decida contar con algún tipo de asesor externo, será igualmente necesario el nombramiento de este líder que acompañe a los consultores durante todo el proceso. Pero vamos a centrarnos en el caso de que no nos vayamos a poner en manos de otros.

Tan importante es que el líder sea nombrado con la confianza de todos como que le ayuden, le apoyen, le respeten y le comprendan durante todo el proceso, y muy especialmente cuando presente su propuesta.

Es más que posible que el líder se lleve tantos revolcones como miembros de la familia no vean cumplidas sus expectativas. Habrá, incluso, quien deje de dirigirle la palabra por no haber sido el elegido. Nos encontraremos también con quien, viendo que no lo va a ser, intente torpedear el proceso a mitad de recorrido.

Seamos serios, solidarios y pongámonos en su piel. La propuesta que realizará al final de esta fase del proceso será, con toda seguridad, una de las más importantes, si no la que más, que haga en su vida dentro de la empresa familiar. También la más difícil a nivel personal, porque sabrá que no contentará a todos, y que si los no elegidos no dan un paso atrás, los enfrentamientos estarán a la vuelta de la esquina.

Ayudémosle a que su propuesta cumpla el único objetivo para el que fue seleccionado, y que no es otro que buscar la sucesión que asegure el cumplimiento de los fines empresariales y la continuidad de la empresa familiar.

**En nuestro ejemplo,** *ya vimos que Rosa sería la elegida como líder del proyecto.*

## 3.4. Las entrevistas previas. Grupales e individuales

Estoy de acuerdo con usted en lo que está pensando desde hace ya un buen rato. Sí, es cierto. El líder, como la mayoría de los otros miembros, tendrá ya claro, a estas alturas, quién es su candidato ideal.

Podríamos considerar entonces que hacer estas entrevistas es una pérdida de tiempo. Como yo ya sé cuál es la mejor opción, va a ser esa la que proponga. Se equivocará.

No solo estamos obligados a escuchar y a dar voz a todos los miembros de la familia, por respeto y porque se sientan escuchados y valorados, que también, sino que de estas entrevistas podemos sacar mucha información que será clave a la hora de hacer una propuesta consistente y que trate de complacer a una mayoría.

No olvidemos que el proceso de sucesión puede llegar a desencadenar una tormenta dentro de la compañía de consecuencias desastrosas. Conocer las sensaciones y la sensibilidad de cada miembro de la familia es absolutamente necesario.

¿Seguiría convencido de proponer a su candidato ideal si tras las entrevistas supiese que la mayoría de los demás miembros no lo aceptaría? ¿Para qué? ¿Para crear un primer conflicto que a buen seguro ocasionara un malestar en esa rama familiar?

La función del líder será proponer lo mejor para la empresa, lo que en muchas ocasiones no coincidirá con su idea inicial.

El líder debe aprovechar al máximo estás entrevistas para:

- Transmitir a cada miembro la importancia que, para la empresa y la familia, tiene este proceso, contándoles los ya famosos cómo, cuándo y por qué.
- Sensibilizarles sobre lo fundamental que va a ser su apoyo y su generosidad para conseguir alcanzar un bien común que será clave en su futuro.
- Hacerles ver que, para él, la misión que le han encomendado es muy delicada (un "marronazo", vamos), que es consciente de que su propuesta no será la que a todos les gustaría, pero que la presentará en el convencimiento de que es la mejor para todos y para la empresa, sin que eso signifique que quiera menos a unos que a otros, ni que piense que quien no sea propuesto no está lo suficientemente preparado para según qué retos.
- Conocer sus expectativas tanto en lo personal como en cuanto a su carrera profesional, preguntándole, incluso, si se ve como un posible candidato.
- Estar al tanto de cómo ve la compañía en la actualidad, de qué cambios piensa que debería realizarse en su estructura o hacia dónde cree que tendría que apuntar en el futuro.
- Entender qué siente por la empresa, si la ve solo como el medio para ganarse la vida o si el orgullo de pertenencia le hace ir más allá.
- Saber de sus fobias y sus afinidades personales dentro de su propia rama familiar y con los miembros de las otras ramas.
- Comprender cuáles son sus preocupaciones, qué podría llegar a quitarle el sueño.
- Percibir qué reacción tendría si no fuese el elegido, en caso de querer serlo, o si la decisión final que se tomase no coincidiese con la que le gustaría. ¿La aceptaría y continuaría en la empresa en la nueva posición que fuese a ocupar, o tal vez preferiría dejar la compañía? ¿Podría llegar a querer vender sus acciones y desvincularse definitivamente de la empresa?
- Tratar de ver si, en el caso de que no fuese a estar alineado con la propuesta, se le podría convencer de que se adhiriese a ella.
- ¿Y si fuese el elegido? ¿Tendría la humildad y la sensibilidad suficientes

en su forma de actuar como para no crear roces innecesarios?
- Conocer su capacidad de liderazgo dentro de su rama familiar, de la familia en general, e incluso dentro de la compañía.
- Comprobar que la opinión que tenemos sobre él y sobre su actitud, aptitud y capacidad de trabajo es la que teníamos en mente.
- Interpretar sus carencias y sus necesidades de formación.
- Preguntarle qué cree que piensan los demás sobre él, si le aceptarían como candidato.

En ningún caso sería conveniente que el líder les transmita su opinión, por lo que deberá ser muy prudente a la hora de hacer según qué preguntas para que no se le vea el plumero.

Seguro que durante la entrevista surgen otras muchas cuestiones que la enriquecerán. El orden del "interrogatorio" no tiene por qué ser el que yo les propongo, salvo, tal vez, la primera parte, en la que les contamos la importancia del proceso de sucesión.

Es fundamental, además, que al entrevistado no le quepa duda alguna sobre el carácter confidencial de la reunión. Lo que pasa en Las Vegas, se queda en Las Vegas.

Como dicen siempre en las novelas policiacas, cuanto más se explaye el detenido, más información nos dará y con más facilidad meterá la pata. Con esta absurda comparación, tan solo quiero aconsejar que las entrevistas no sean rígidas, que el líder les deje hablar a la vez que va tachando de su check list las preguntas que van siendo contestadas a lo largo de la conversación. Pero también que tenga la habilidad de leer entre líneas para ser capaz de saber si el entrevistado está diciendo lo que piensa, lo que le interesa contar o lo que el líder quiere escuchar.

Lo dicho en el párrafo anterior, tan peliculero, no debe caer en saco roto, porque habrá quien sea totalmente sincero, pero también quien estará actuando bajo la táctica que mejor defienda sus intereses, o bajo las órdenes o recomendaciones de sus ascendientes o descendientes, dentro de su rama familiar. Créame. Sucederá.

Es fundamental que el líder, en lo posible, calendarice las reuniones bajo la estrategia que defina, en función de los conocimientos que tenga sobre las ramas familiares. No actuará igual un hijo si antes nos hemos reunido con su madre o si es al primero que entrevistamos de la rama familiar. ¿No cree usted que puede pasar que lo primero que harán los miembros de la rama familiar es interesarse sobre qué le han preguntado o sobre cómo ha sido la reunión? En las que hagamos a continuación con otros familiares, los "interrogados" asistirán habiéndose trabajado la entrevista. Esto no tiene por qué ser ni bueno ni malo, pero debe ser tenido en cuenta a la hora de elaborar la estrategia y el calendario de las reuniones.

Aunque yo me inclino por las entrevistas individuales, y las grupales las veo mejor para una posible segunda ronda de reuniones, es posible que en determinadas circunstancias pueda interesarnos que las hagamos en grupo. Por ejemplo, porque tengamos dentro de la rama familiar a un miembro muy afín a nuestros planteamientos y con una capacidad de liderazgo que nos pueda a ayudar a crear opinión en el resto.

Considero que también es muy interesante conocer la opinión de algunos de los ejecutivos de la compañía, porque, a buen seguro, nos darán una visión diferente de lo que ellos y los empleados perciben del entorno familiar en la empresa, y de las actitudes y aptitudes de los miembros de la familia.

Debemos seleccionar a aquellos ejecutivos con los que tenemos más confianza para que los rumores no se extiendan por la empresa antes de tiempo, aunque tampoco sería un drama que los empleados sepan que la empresa está inmersa en el proceso de sucesión. Pudiera incluso tranquilizarles conocer la vocación de la familia sobre la continuidad de la compañía.

En cualquier caso les pediremos que sean discretos y que no compartan esa conversación con nadie. También considero importante que sepan, en caso de que así sea, que el nuevo primer ejecutivo se seleccionará de entre los miembros de la familia. Evitaremos que piensen que estamos evaluándoles como candidatos, y que posteriormente se sientan defraudados al no cumplirse sus expectativas. Aunque no estén de acuerdo con esa decisión, todos la entenderán, y nuestra misión será, además, hacerles ver que para la familia es muy importante conocer su opinión, por su trayectoria y por la confianza que nos merecen. Y que pase lo que pase en la sucesión, contaremos con ellos, como lo que son, un pilar de nuestra organización.

El objetivo principal de esas reuniones no es conocer la opinión de los ejecutivos en cuanto a quién ven ellos como posible primer espada, que también, sino conseguir información sobre a quién ven más preparado, quién tiene más capacidad de liderazgo, cómo se relacionan unos y otros con los empleados, cómo creen que se tomará la organización la sucesión por un miembro de la familia, qué debemos hacer para mantener el talento, etcétera, etcétera.

Igual que en el caso de los miembros de la familia, el líder deberá saber discernir lo objetivo de lo subjetivo. No le quepa duda de que algunos de los ejecutivos tratarán de vender la idea que más les pueda favorecer, pensando, por ejemplo, en que posicionarse a favor de uno de los candidatos le otorgará la oportunidad de ascender en el escalafón.

Entrevistándonos con varios ejecutivos conseguiremos quitar la paja y sacaremos buenas conclusiones.

**En nuestro ejemplo,** *Rosa ha decidido que comenzará entrevistándose con sus hermanos, que luego lo hará con los ejecutivos de su máxima confianza y que dejará para el final a sus sobrinos.*

*Como el único que no ha confirmado que no tiene pensado postularse al cargo es Luis, Rosa decide dejarle para el final, para así conocer, previamente, las impresiones de sus otros dos hermanos mayores.*

*María, la actual presidenta, está convencida de que Luis sería un buen candidato, pero le preocupa que cuando suba al máximo escalafón tendrá ya sesenta y un años, casi cuando tendría que empezarse el proceso de su propia sucesión, lo que no le parece demasiado práctico. De entre sus hijos, ve a los dos con las capacidades necesarias, pero aún muy jóvenes para tanta responsabilidad. De entre sus sobrinos solo ve como posible candidato a Laura, la actual directora de exportación, a la que también ve demasiado joven.*

*Vicente, que ya lleva diez años fuera de la compañía, no quiere saber nada del proceso. Desgraciadamente, solo tiene claro que si el candidato elegido es Luis, él venderá sus acciones, porque le culpa de su salida de la empresa.*

*Luis, por su parte, manifiesta abiertamente su interés por presentarse al puesto. Cree que tanto sus hijos como sus sobrinos son demasiado jóvenes. Al único al que vería "formable" para el futuro es a su hija Laura.*

*Rosa imaginaba que las respuestas de sus hermanos iban a ser las que le habían dado, pero se queda sorprendida del odio de Vicente a Luis.*

*Decide dejar para una segunda fase las reuniones con los sobrinos y se entrevista con los tres ejecutivos externos con los que tiene más confianza, el director de recursos humanos, el de logística y el de marketing. Los tres coinciden en casi todo. Están encantados de saber que el proceso ya está en marcha y creen que todos los miembros de la tercera generación son demasiado jóvenes como para dar el paso. Solo difieren en que el director de logística cree que debería valorarse a otros ejecutivos, mientras que los otros dos piensan que Luis puede ser un buen sucesor.*

Seguro que en muchos procesos de sucesión nos encontramos con condicionantes y diferencias de opinión mucho más complicadas que las del ejemplo, pero tampoco se trata de relatar un serial imposible de finalizar. Lo que sí les aseguro es que el líder se encontrará con tantas sorpresas como impedimentos.

### 3.5. La selección de los candidatos. Familiares versus ejecutivos externos. Hermanos versus hijos

Tras las entrevistas previas, siguiendo su propio criterio y el conocimiento que tiene de la empresa familiar y de las diferentes alternativas al puesto de sucesor, el líder deberá seleccionar los dos o tres candidatos que considere más adecuados para proponerles como sucesor.

No voy a entrar en las típicas características que debe tener el director general de una organización empresarial, como la visión estratégica y de negocio, o la orientación al cliente y a los resultados, que sin duda son tan fundamentales a la hora de seleccionar al mejor candidato como conocidas por todos.

Me interesa más poner de manifiesto aquellas actitudes y aptitudes que son fundamentales en el entorno de la empresa familiar:

- Empatía. Tanto con clientes y proveedores como con los empleados de la compañía y, muy especialmente, con el resto de la familia. El candidato seleccionado debe saber "ganar", teniendo siempre en mente a los que no lo han hecho.
- Humildad. Directamente relacionada con la anterior. No deberá presentarse como un dios, sino como el que se pone al servicio de los demás para ayudarles.
- Liderazgo en el entorno familiar. El resto de la familia debe creer en él, debe pensar que es la persona más adecuada para ocupar ese puesto. No tiene por qué ser el más simpático. Si además lo es, mejor, pero lo importante es que el resto de la familia crea en él.
- Responsabilidad. Íntimamente unido a lo anterior. En las empresas familiares no queremos poner nuestro patrimonio en las manos de aventureros.
- Liderazgo en la organización. Ser el hijo, el sobrino o el hermano del dueño es, sin duda, una oportunidad para los miembros de las empresas familiares, pero también es un estigma difícil de soslayar. "¡Este está ahí porque es el hijo del dueño!". Cada uno de nuestros candidatos tendrá que demostrar a la organización que es la persona a la que deben seguir. Cuando el nuevo líder pertenezca a otra generación, ganarse el reconocimiento de los empleados será aún más difícil, por lo que deberemos estar seguros de que es capaz de con seguir ser un gran líder.
- Comportamiento y trato ejemplar. En algunas empresas familiares los miembros se sienten con el derecho a gritar o a despreciar a los demás. Necesitaremos un líder que sea escrupulosamente educado, tanto en la relación con los familiares y empleados como en su

exposición en el mundo exterior. Será la imagen pública de la empresa y del apellido de la familia.

- Seguridad en sí mismo y compromiso. El mejor vendedor no suele ser el mejor jefe de ventas, como tampoco el hijo mayor tiene por qué ser el mejor director general. Todos lo sabemos y casi todos cometemos ese error una y otra vez. Ningún candidato debe ser evaluado si él mismo no está seguro y comprometido con su nuevo rol. No debe admitir presiones, ni de sus padres ni de nadie. Si de por sí él piensa que no es idóneo para el puesto o, simplemente, no le apetece, no debe ser considerado, ni, mucho menos, atormentado por su decisión.

- Formación. ¿De Perogrullo? Tururú. Es cierto que cada vez ocurre menos, pero uno de los problemas que ha tenido la empresa familiar ha sido la falta de formación de muchos de sus integrantes. Las facilidades que los miembros de la familia han tenido a la hora de en contrar un puesto de trabajo en la empresa familiar han supuesto que, en muchas ocasiones, se les ha exigido menos currículo y formación que a otros posibles candidatos. Se suele caer también en el error de pensar que con la experiencia adquirida se suple con creces esa falta de formación. Todo lo contrario. La empresa familiar es endogámica, y en el mundo exterior a nuestro silo empresarial todo evoluciona a velocidad de vértigo. Necesitamos que nuestros líderes del futuro aprendan e interioricen las nuevas tendencias empresariales y tecno lógicas. La familia, a través de su consejo, debe preocuparse de formar adecuadamente a todos sus miembros, desde el presidente hasta el último recién llegado, en cuyo caso, además, es más que necesario que se le programe la formación que necesitará para su carrera profesional.

Seguro que echan de menos otros temas, como el trabajo en equipo o la gestión del riesgo, pero como decía al principio del capítulo, son cualidades muy importantes que valorar, pero que por ser inherentes al puesto, ya sea la empresa familiar o no, no son motivo de reflexión en este libro, aunque sí deben serlo cuando realice la evaluación de sus candidatos.

¡Qué despiste! Me olvidaba de una cualidad que creo que no es necesario explicar en detalle, pero que para mí es de las más importantes: LA PASIÓN.

Tras tener los datos de todos los aspirantes, crearíamos una sencilla matriz que nos ayude a avaluar las distintas candidaturas. El líder del proceso debe realizarla, no solo porque es posible que su opinión pueda verse alterada al buscar criterios más objetivos que su propia percepción, sino porque también le servirá de apoyo cuando presente su propuesta ante el comité de sucesión.

Claro está que estamos hablando de candidatos miembros de la familia. En el caso de que estuviésemos valorando a otros ejecutivos internos, les incluiríamos dentro de la misma matriz, evaluando en ellos, además, cómo es y será su relación con los diferentes miembros de la familia. Es importante que tenga una relación cordial con todos ellos, que le consideren un referente y que tenga una personalidad que le permita convencer y hasta imponer sus decisiones.

Si ningún familiar ni ejecutivo interno pasan el corte y hay que buscar al sucesor en el mercado, la cosa se complica aún más. Las ventajas de nombrar a un ejecutivo interno, respecto a un externo, son variadas y conocidas: conocimiento de la empresa y de la familia, cultura familiar interiorizada, etcétera.

¿Un CEO o director general que por su puesto está por encima de los miembros de la familia que están trabajando en la compañía? ¿Un empleado de mi empresa va a ser mi jefe? Uf. No es tarea fácil, ni de digerir ni de sacar adelante, pero puede suceder, o porque para usted sea la mejor decisión o porque sea la única solución. En esta situación, la principal virtud que deberíamos exigir al candidato externo sería la de la mano izquierda, porque le iba a hacer falta, pero de verdad de la buena.

Por último quiero hacer referencia a un debate que suele presidir los procesos de sucesión en algunas empresas familiares, que por su idiosincrasia deben decidir si la sucesión del actual director general se debe hacer entre hermanos o dando paso a la siguiente generación.

En la mayoría de las ocasiones que esto sucede se suelen dar estas premisas:

- Suelen ser empresas de tamaño medio o grande, en las que el gobierno actual está en manos de un miembro de la segunda generación.
- Esta generación suele estar formada por varios hermanos cuyas diferencias de edad entre el mayor y el menor no superan los cinco u ocho años.
- Algunos de sus hijos o sobrinos ya tienen la experiencia necesaria para poder dar un salto en su carrera profesional.
- O ninguno de los hermanos quiere dar el paso o, por el contrario, la mayoría de ellos vivía o vive en la expectativa de ser el nuevo gran jefe.
- Aunque las relaciones personales entre los distintos miembros y ramas no tienen por qué ser malas, sí que suele haber diferentes criterios en cuanto a la manera de dirigir la empresa y en cuanto al futuro de esta.

En muchas empresas familiares se cumplen varias de las premisas anteriores, y en algunas de estas llega a ser imposible decidir qué hermano será el nuevo jefe. ¿Celos, intereses contrapuestos, falta de humildad? En realidad el porqué nos da igual, pero parece evidente que si uno de los hijos o sobrinos está preparado para dar el salto, su nombramiento puede ser una excelente solución. En este caso los hermanos del actual director general estarán también obligados a dejar la parte ejecutiva de la empresa, pasándose al consejo de administración, a la fundación de la empresa, si la hubiera, o, simplemente, a colaborar desde la junta de accionistas.

Esta "jubilación" me parece imprescindible, porque, de otro modo, a la generación entrante le sería imposible gobernar una compañía en la que sus padres o tíos, todos ellos consejeros o accionistas, esperan que se les rinda cuentas de cada paso que dan.

Yo, como consejero y accionista, si no he dejado mi puesto ejecutivo en la empresa, no me imagino estar recibiendo órdenes, con las que, además, puedo no estar de acuerdo, de mi sobrino. Ni siquiera si este es mi candidato favorito.

En capítulos posteriores abordaremos las condiciones de salida de la generación presente, así como los pactos a los que deberán llegarse para hacerla de una forma ordenada y que minimice los perjuicios económicos y de autoestima, que seguro se podrían llegar a producir.

**En nuestro ejemplo**, *y como a priori parece que solo tenemos un posible candidato, Luis, no sería necesario hacer, por el momento, una matriz de candidatos. Valdría con que Rosa evaluase si Luis cumple con las aptitudes y actitudes que el puesto requiere.*

*Respecto a la decisión de si hermanos o hijos, la edad y falta de experiencia de estos últimos parece aconsejar que la sucesión sea entre hermanos.*

### 3.6. La reflexión y la segunda vuelta de reuniones

Una vez tengamos definida la matriz de candidatos, el líder del proceso deberá hacer un ejercicio de reflexión que comenzará por el estudio de la matriz en su conjunto, de cara a, por un lado, autoevaluarse sobre la posible subjetividad que haya presidido su realización y, por el otro, a confrontar los diferentes aspectos entre los candidatos mejor posicionados.

Una manera de evaluar el resultado que se desprende de la matriz es hacer uso de las matemáticas. Daríamos una puntuación (por ejemplo, de cero a diez) a cada apartado de la matriz, y ponderaríamos las cualidades que creemos más importantes con un factor que decidiríamos según nuestro criterio.

Este método puede dar una falsa sensación de objetividad, que me invita a cogerlo con alfileres, ya que puede hacer que nos sintamos cómodos y objetivos por el mero hecho de introducir las matemáticas en la valoración, cuando la subjetividad seguirá presente, tanto en la puntuación como en la ponderación de cada apartado.

En cualquier caso, reconozco que hacer una primera valoración de esta manera nos resultará cómodo y nos ayudará a centrarnos en los candidatos que hayan obtenido la mejor puntuación. Eso sí, usándolo tan solo como una herramienta más, sin la pretensión de obtener una certeza absoluta.

Con esto no quiero decir que ya excluya del estudio a los que, a priori, tengan menos opciones, porque ese trabajo le servirá a la organización para ver cómo se verán afectados los distintos puestos del organigrama por los movimientos que se produzcan en los primeros espadas. Pero ese podría ser un análisis secundario, a realizar una vez decidido el sucesor designado. Una vez tengamos claro quién será nuestro candidato principal, puede ser muy conveniente hacer una segunda reunión con algunos de los miembros de la familia, y con ejecutivos de la compañía. Trataríamos, en este caso, de solventar las dudas que podamos tener sobre los candidatos mejor posicionados, o incluso buscar qué percepción tendrían sobre alguna posible propuesta.

Debemos hacer las preguntas necesarias, pero sin delatarnos. Por el momento nadie debe conocer a nuestro caballo ganador. Podrían ser de este tipo:

— ¿Cómo ves a Pepe, Juan o a Esther para ocupar la dirección general?
— ¿Sabes qué tal se llevan entre ellos?
— Me preocupa la capacidad de liderazgo de los tres. ¿Cómo los ves en este aspecto?

También podría interesarnos volver a entrevistarnos con los principales candidatos, para ver cómo respiran, pero siempre, escondiendo nuestras cartas.

Tras estas reuniones, deberíamos tener claro cuál sería la propuesta que trasladaremos al comité de sucesión.

**En nuestro ejemplo**, *yo le recomendaría a Rosa que volviese a hablar con su hermano Vicente, para que admitiese que Luis fuese el sucesor, ya que, por lo jóvenes e inexpertos que son los miembros de la tercera generación, parece ser que él es el único* *candidato posible. Además, se ha postulado para el cargo. Con la rotundidad que expresó que era el único al que no aceptaría podría parecer absurdo intentarlo, pero nunca hay que dar nada por perdido, sobre todo si podemos tener algún arma de negociación.*

*En este supuesto, Rosa debería hacerle ver que no hay otra solución y que, si da su brazo a torcer, su propuesta sería que Luis fuese el sucesor, pero pactándose su salida a los sesenta y cinco años.*

*También le recomendaría que hablase con María, la actual presidenta. Le expondría, en primer lugar, que su primera recomendación sería que pospusiese su jubilación dos o tres años más, de tal manera que la empresa no sufriese dos procesos de sucesión tan seguidos, teniendo en cuenta que el primero de ellos podría llegar a ser traumático para la empresa por la postura de Vicente. Le contaría también que, si no acepta retrasar su retiro, apostaría por Juan con el límite de los sesenta y cinco años.*

*Intentaría por todos los medios posibles que María le diese una respuesta antes de la reunión del comité de sucesión, para de esta forma no tener que hacer públicas las desavenencias de Vicente. ¿Qué pasará?*

## 3.7. La propuesta inicial

En mi vida laboral he procurado que, cuando iba a tener una reunión en la que presentaba, o algún otro lo hacía, un proyecto, todos los convocados tuviesen la información de lo que se fuese a tratar con suficiente antelación para poder estudiarlo concienzudamente. Hay a quien le gusta el factor sorpresa, pero a mí, salvo en contadas ocasiones, me parece poco operativo.

Esta sería una de esas ocasiones. Primero, porque el tema es tan sensible que seguro que, con anterioridad a la reunión, sería comentado entre padres e hijos de la misma rama familiar y eso, por el momento, no me parece conveniente. Segundo, porque recomendaría guardar para uno mismo la información que nos proporciona la matriz y otros posibles documentos o conclusiones que obren en nuestro poder, para, de esta forma, tener la opción de decidir, sobre la marcha, si es conveniente o no hacer uso de ella en función de cómo vaya avanzando la reunión. Y tercero, porque se tratará solo de una primera toma de contacto en la que no será necesario decidir nada. Tras la reunión, cada miembro podrá compartir o no la propuesta con su rama familiar, y tomarse el tiempo necesario para decidir el sentido de su voto.

A la hora de planificar la presentación es importante que tengamos en cuenta no solo a quién será el primer espada, sino también la posición que podrían ocupar otros candidatos de peso, que no verán satisfechas sus expectativas de ser el sucesor designado.

Imaginemos que este aspirante tiene unas cualidades tan buenas como las del candidato elegido, pero que, por los perfiles de ambos, se opta por este segundo. Sería conveniente que la propuesta incluyese tanto a quién será el próximo director general como qué puesto ocupará el finalista. Podría ser desde subdirector general hasta la dirección de un departamento potente.

Es importante que todos los miembros de la familia en general, y de este comité de sucesión en particular, asuman que la propuesta que se está haciendo obedece a lo que el líder del proceso cree que es lo mejor para la compañía y para la unidad familiar, y que bastante gordo es el lío en el que se embarcó, o lo embarcaron, como para que sea criticado, y hasta linchado, por su propuesta.

Acompañe su decisión de una batería de cualidades positivas de cada candidato, apoyándose en ellas para tratar de demostrar que su elección está basada en un riguroso estudio de las alternativas que le brinda cada aspirante. Hable siempre de lo positivo de cada uno y nunca de lo negativo.

No diga que el candidato A no sabe nada de nuevas tecnologías, sino que el candidato B es un crack en nuevas tecnologías.

Desgraciadamente, es posible que algún miembro de la familia no lo entienda así, por lo que hay que estar preparado para asumir caras largas, e incluso ciertos comentarios probablemente no merecidos.

Si es usted de los que no ve satisfechas sus propias expectativas o las de algún miembro de su rama familiar, le ruego encarecidamente que no piense que se le hace de menos o que no se cuenta con usted. Simplemente, para el líder del proceso, existe un perfil más adecuado para el puesto, lo que no significa que no considere que su opción no sea igualmente válida.

Su respuesta deberá ser de agradecimiento y de comprensión hacia el líder, sin que ello signifique que no pueda defender su posición. Si cree que es lo mejor para la empresa, debe hacerlo.

Esos primeros desencuentros pueden dinamitar el proceso de sucesión y, lo que es peor, generar un malestar en el seno de la familia que no sabemos hasta dónde puede llegar.

**En nuestro ejemplo**, *supongamos que María, con anterioridad a la reunión, le ha comunicado a Rosa que no quiere alargar su fecha de jubilación. Yo le recomendaría a Rosa que en el comité de sucesión, que recuerdo está formado por los hermanos, menos por Vicente, tratase de poner en común la propuesta que, una vez que María ha dicho que no quiere continuar, veo más razonable, y que es que sea Luis el sucesor designado, pero limitando su mandato hasta los sesenta y cinco años, argumento con el que tendrá que convencer a Vicente de que no haga saltar la empresa por los aires.*

*En lo posible, no debería contarle a Luis lo que Vicente le ha manifestado, primero porque se lo ha hecho saber en el entorno de una conversación privada, y segundo porque no haría más que complicar las cosas, incluso hasta el punto de que Luis se cerrase en banda por el mero hecho de no admitir el "chantaje" de su hermano.*

*Es más que probable que a Luis le sorprenda que se le quiera limitar su mandato y, seguro, pedirá las pertinentes explicaciones. La respuesta de María y de Rosa no debería diferir demasiado de que la siguiente generación debe y desea tomar el mando cuanto antes, pero que todavía no les ha llegado el momento, y que, quién mejor que Luis para dirigir la empresa en ese periodo transitorio y para tutelar la sucesión definitiva.*

### 3.8. El conflicto. De líder del proceso a mediador. ¡Por mis hijas MA-TO!

Lo normal es que tras esta primera propuesta no se tome ninguna decisión.

Los miembros del comité querrán analizar lo presentado y contrastar su posición con el resto de su rama familiar.

Es un hecho indudable que tanto en el comité de sucesión como a partir de él las desavenencias pueden empezar a surgir. Es normal, cada miembro tendrá su propia visión y opinión, y, cómo no, su propio candidato.

Lo importante es saber cómo tratar esas diferencias para evitar que degeneren en un conflicto empresarial o familiar.

De la información que ha obtenido el líder del proceso, tanto en las reuniones individuales o grupales como en los comités que se hayan realizado, podrá hacerse una idea de cómo respiran unos y otros, y de la probabilidad real de que el conflicto se instale en el proceso.

La famosa frase, tantas veces parodiada, de Belén Esteban de "por mi hija MA-TO" es un pensamiento común en la mayoría de los padres. No estamos dispuestos a luchar por nosotros mismos con la misma fuerza con que lo haríamos para defender a nuestros hijos en cualquier orden de la vida. En la sucesión familiar, no tengan duda, nos pasará lo mismo. Muchos de los miembros de la familia, con la subjetividad que el parentesco alimenta, no dudarán en que sus hijos son los mejores, y defenderán su posición, incluso, cuando solo lo crean a regañadientes.

En un proceso de sucesión intergeneracional el conflicto estará servido. Si se tratase de un cambio intrageneracional, tampoco podemos descartarlo, pero en este caso suele ser menos probable.

Sea como sea, el líder del proceso debe estar preparado para intervenir, de manera individual, o apoyándose en otros miembros de la familia que no estén directamente implicados.

Su rol pasará a ser el de mediador, intermediario, o como le quieran llamar, y su principal misión será resolver los conflictos que puedan presentarse, incluso antes de que aparezcan.

Estos conflictos pueden desencadenar en graves enfrentamientos personales que hieran de muerte el proceso de sucesión, la continuidad de la empresa familiar e, incluso, la deseable relación personal entre los miembros. De ahí que hablemos de conflictos profesionales o familiares, porque pueden acabar con la empresa y con la familia.

Para que el líder, ya mediador, pueda hacer su labor con éxito deberá, primero, tratar de anticiparse al posible conflicto previendo lo que pueda pasar y actuando en consecuencia, y segundo, tener una hoja de ruta prevista en el caso de que este estalle, a pesar de los pesares.

Deberá buscarse aliados ente los "miembros independientes", estableciendo una estrategia que le ayude a acercar posturas. Debe ser muy directo en sus propuestas y en sus planteamientos. No se trata de amenazar, como tampoco de mentir, pero no desperdicie la ventaja que le da el hecho de tener toda la información que ha ido atesorando durante la fase anterior. Saber manejar la información, que solo usted tiene, para tratar de influir en las decisiones de los demás, será fundamental de cara a conseguir sus objetivos. Una mentirijilla piadosa, como las que veremos en nuestro ejemplo, podrá ayudarnos a desbloquear el preoceso.

El mediador deberá reunirse individualmente con cada parte que esté o pueda estar en conflicto. Como decía antes, podrá delegar alguna de estas reuniones en algún miembro independiente, que esté alineado con la propuesta de sucesión, bien porque él ya lo intentó y no fue capaz de convencerle, bien porque el independiente tenga liderazgo y predicamento respecto al miembro que está en conflicto.

En cualquier caso, sigo convencido de que la mejor manera de llegar a una entente cordial será apalancándonos en lo positivo que tiene llegar a una solución de consenso y no en lo negativo de no conseguirla, o en las amenazas.

Ni que decir tiene que, en ocasiones, no será posible poner de acuerdo a toda la familia, y el proceso de sucesión, según lo hemos diseñado, fracasará. No habremos sido capaces de llegar a la deseada entente cordial, por lo que no nos quedará más remedio que tomar una solución drástica.

Dos serían las opciones posibles: nombrar sucesor al candidato más votado, en el consejo de administración o en el órgano de gobierno pertinente, o acordar entre las distintas ramas que un consultor independiente emita un informe vinculante en el que proponga quién será el nuevo director general.

Esta última opción permitirá a las ramas familiares "independientes" no tener que "mojarse" eligiendo entre una u otra candidatura y, también, desbloquear el proceso en el caso de que, por la composición de los órganos de gobierno, nos encontremos ante un empate.

Pudiera pensarse, además, que ayudará a mitigar los recelos que hubieran surgido durante las distintas fases del proceso. Ojalá sea así, pero me temo que ninguna de las dos posibilidades nos llevará a la paz social o familiar. Eso sí, por lo menos tendremos un sucesor, y mucho trabajo por delante para restañar las heridas sufridas por unos y otros.

**En nuestro ejemplo**, *hay dos posibles conflictos. El primero, más que evidente, es que Vicente ya ha manifestado con total claridad que no admitirá que Luis sea el nuevo director general. Con lo tajante que fue en su conversación con Rosa, la mejor opción sería pedirle a María que se encargase de convencer a Vicente de que admita que Luis sea el sucesor, con el compromiso de dejarlo cuando cumpla los sesenta y cinco años. Seguramente Vicente seguirá en sus trece y no aceptará. María lo tiene fácil. Le informará de que si no da su brazo a torcer, lo que llevará al consejo para su votación es que el sustituto sea Luis sin condición de retirada alguna (primera mentira piadosa), lo que podría perpetuarle en el poder.*

*Es probable que Vicente volviese a amenazar con vender su participación, como ya le dijo a Rosa, y con desvincularse, para siempre, de la empresa.*

*María le haría ver que no es nada fácil vender el veinticinco por ciento de una empresa familiar que no cotiza, porque a nadie le interesará entrar en una empresa de tamaño medio en la que la familia hará y deshará a su antojo sin contar con el accionista externo, y que lo más probable sería que su única opción fuera vender sus acciones a Rosa o a ella, que no están interesadas en adquirirlas.*

*Supongamos que, añadiendo a lo anterior otros mensajes más positivos, como el mantenimiento de las buenas relaciones entre ellos o el legado de sus padres, Vicente acepta la propuesta. Primer escollo resuelto.*

*El segundo conflicto todavía no ha aflorado. Sería la posible negativa de Luis a admitir retirarse a los sesenta y cinco años. Rosa trataría de convencerle de que su compromiso de retirada es la mejor opción para la compañía, tanto porque todos estarían de acuerdo (segunda mentirijilla) como porque en esa fecha la siguiente generación estará en el momento perfecto para asumir la responsabilidad.*

*Si no llegase a convencerlo, podría ametrallarle con los más variados argumentos que, a buen seguro, le convencerían. Desde que su falta de perspectiva y generosidad le hace pensar en que estaba equivocada proponiéndole hasta que si no lo acepta, se presentará ella como candidata, ya que tendría el apoyo de sus dos hermanos (tercera y cuarta trolas).*

*Aceptará. No lo duden. Conflictos superados.*

## 3.9. La propuesta consensuada y la aprobación del proceso de sucesión

Una vez superados los conflictos, suponiendo que así sea, el mediador volverá a ponerse la camiseta de líder del proceso, y preparará una nueva propuesta que presentará en el comité de sucesión.

Si, como refleja el título de este apartado, la propuesta es consensuada, sobre todo si ha tenido que forzar, de alguna manera, las voluntades de ciertos miembros, deberá hacerla cuanto antes, en el menor tiempo posible.

La propuesta deberá tener dos partes claramente diferenciadas:

La primera tendrá que ver con lo que se ha consensuado entre todos los miembros del comité, y con él o los candidatos. Será la parte que debe aprobarse ya en ese comité, y que se llevará a los órganos de gobierno pertinentes para su aprobación real y legal.

Si se trata de una sucesión entre hermanos, el documento a aprobar será, en principio, probablemente más sencillo que si tiene lugar entre, por ejemplo, miembros de la segunda y tercera generación. Y digo en principio porque en ocasiones lo pactado en el primer supuesto puede ser aún más complicado si para llegar al consenso hemos tenido que hacer birlibirloque. Sea como fuere su caso, creo que esta parte de la propuesta debería comprender los siguientes puntos:

- Fecha en la que se realizará la sucesión real del primer espada. Debería ser la fecha en la que el actual responsable deje sus funciones de director, pero es posible que se considere más conveniente que el nuevo nombramiento se produzca con anterioridad, para así aprovechar los últimos meses de trabajo del actual número uno, como periodo de acompañamiento del candidato seleccionado.
- Nombre de quien ocupará el puesto de director general.
- Nuevos puestos que pasarán a ocupar terceros candidatos, si así se han pactado. Por ejemplo, podría decidirse que el candidato no elegido ostente el cargo de subdirector general.
- Cambios básicos en el organigrama de la sociedad que se hubiesen acordado. En el ejemplo anterior, la creación de esta subdirección.
- Fecha y condiciones de salida de los miembros que no continuarán en el día a día de la empresa. ¿Tendrán que dejar la empresa? ¿Pasarán a ser solo consejeros? ¿Se les remunerará de alguna manera?
- Fecha de comunicación de la decisión a los, hasta ahora, candidatos. Tendrán que aceptar su nuevo rol en la empresa, aunque sea por puro formalismo.
- Formación del grupo de trabajo que dará continuidad a esta segunda fase. Podría mantenerse el comité de sucesión, pero creo que es más oportuno crear un equipo más pequeño, que podría estar formado

por el líder del proceso —si todavía le quedan ganas—, el actual director general —siempre y cuando no pertenezca a la misma rama familiar que el elegido— y, por último, el candidato seleccionado y también el que hubiese quedado segundo en el proceso de sucesión; este únicamente si va a tener un peso importante en la compañía. Por ejemplo, si se le nombra subdirector.

- Calendario de aprobación en los diferentes órganos de gobierno. Dependiendo de los estatutos, es posible que antes de llevar la decisión al consejo de administración y posteriormente a la junta de accionistas sea necesario que primero sea aprobado en el consejo de familia. Si lo hubiera, creo que sería razonable dar este primer paso aunque no nos obliguen los estatutos,

La segunda parte de la propuesta será más un documento de trabajo que otra cosa. Deberá ser discutida entre todos y, una vez consensuada, presentada al consejo de administración, como hoja de ruta del proceso. Añadiríamos a los puntos anteriores que no se hubiesen tratado, por no estar todavía consensuados, los siguientes:

- Calendario de la segunda fase del proceso. (Hablaremos más adelante de esto).
- Mandato al grupo de trabajo para el desarrollo del nuevo organigrama, si es que lo fuera a haber.
- Proceso de búsqueda y selección del talento (familiar, interno o externo) que será necesario para sustituir al futuro director general en su puesto actual, y para cubrir el resto de los movimientos provocados por el cambio de organigrama.
- Remuneración del nuevo director general.

**En nuestro ejemplo**, *al ser una sucesión entre hermanos, concretamente entre María y Luis, la primera parte, la que se debe aprobar cuanto antes, se reduciría a:*

- *María dejará la dirección el día de su jubilación.*
- *Le sustituirá Luis, con la condición de dejar la dirección cuando alcance los sesenta y cinco años.*

*- Se acuerda que la remuneración que percibirá será la que actualmente cobra María y será efectiva desde el día del relevo real.*

*- No se considera necesario crear un nuevo grupo de trabajo y sus labores las continuará realizando el comité de sucesión.*

*- Se convocará en los próximos días, en una sola jornada, el consejo de familia y el de administración, aprovechando que todos los consejeros de este último órgano lo son también del anterior. Aunque la junta de accionistas tiene las competencias del nombramiento y cese de los consejeros, y teniendo en cuenta que no se van a producir cambios en el consejo, se considera que no es necesaria la aprobación del plan de sucesión por dicha junta.*

*En cuanto a la segunda parte, la de la hoja de ruta, apenas se generan nuevas tareas:*

*- Luis comunicará en cuatro semanas a quién propone para que le sustituya. En función de quién sea, adjuntará a su propuesta un calendario de formación y de dejación de sus actuales funciones.*

*- Por propuesta de Rosa y, con independencia de la nueva sucesión familiar que tendrá lugar cuando Luis se jubile, se acuerda iniciar un proyecto de sucesión empresarial que les ayude a identificar los puestos clave de la compañía y a disponer de una matriz de talento.*

## 3.10. La segunda fase del proceso

No diría yo que esta segunda fase es más complicada que la primera, pero sí que tengo bastante claro que todo puede irse al traste por la mayor tontería.

Por tanto, y aunque ya hemos hecho lo más complicado, tener un sucesor designado, todavía debemos ser cautelosos y, más que nunca, tener mucha mano izquierda para no herir sensibilidades que puedan desencadenar un nuevo conflicto.

Es cierto que si estamos ya en esta segunda fase es, primero, porque nos hemos puesto de acuerdo y, segundo, porque lo pactado ya ha sido aprobado por los órganos de gobierno, por lo que ya no debería poder echarse atrás el proceso sin que una mayoría así lo decidiese. Pero si queremos que el día a día no se transforme en una guerra entre ramas familiares, estamos obligados a trabajar con una empatía y un respeto que evite cualquier posible conflicto.

¿Podrá suceder a pesar de nuestros mimos? No lo dude.

A la hora de elaborar la hoja de ruta de esta segunda fase, lo primero que debemos hacer es precisamente eso, fijar un calendario con todos los hitos que debemos ir cumpliendo. Esta agenda que debemos crear sin duda está marcada por la fecha del traspaso ya definida, el día de la jubilación o retiro del actual director general. Aunque para ese día todo debe estar listo, y parecería que lo lógico es preparar el calendario desde esa fecha hacia atrás, a mí, personalmente, me gusta hacerlo desde el día cero en adelante.

¿El motivo? Porque creo que yendo hacia el futuro somos más realistas en cuanto a los tiempos que vamos a necesitar para cumplir cada hito. Si, por nuestra experiencia, sabemos que buscar y/o formar a un sustituto para hacer las labores que en la actualidad hace el director general nos puede llevar seis meses, no dejemos que el calendario ideal nos imponga que hay que hacerlo en tres, porque fracasaremos.

Una vez construido nuestro calendario de hoy a mañana, veremos si necesitamos más tiempo, dónde se puede apretar y cómo podemos agilizar ciertos procesos, pero primero seamos sinceros con nosotros mismos.

Las principales tareas que debemos agendar en nuestro calendario son las siguientes:

Definir si el proceso de sucesión será acompañado de un cambio en la estructura y en el organigrama de la compañía. Aunque hablaremos más delante de este tema, en muchas ocasiones es conveniente acometer estos cambios para modernizar unas estructuras que, probablemente, estén basadas más en un criterio de reparto de la carga de tareas entre los miembros de la familia que en una lógica empresarial. Es importante tenerlo en cuenta desde el principio porque este tipo de reestructuraciones, al necesitar tiempo, tanto para un correcto análisis como para su implantación, condicionaran el resto del calendario.

Una vez definida y aprobada la nueva estructura, deberemos estudiar el talento que tenemos en la empresa y el que necesitamos contratar, así como qué puestos cubriremos con miembros de la familia, con ejecutivos de la compañía o acudiendo al mercado de trabajo.

Para llevar a buen puerto los dos análisis anteriores necesitamos tiempo y no precipitarnos. La compañía ha de tener la menor estructura y el mejor equipo posibles. Son tareas que debemos hacer sin prisa pero sin pausa. Seamos generosos al proponer la fecha en la que este trabajo debe estar terminado, pero fijémosla. Una vez lo tengamos todo claro, deberemos elevarlo a los órganos pertinentes (grupo de trabajo, consejo de administración) para su aprobación. Me parece fundamental que cada paso que vayamos dando sea discutido, valorado, consensuado y aprobado por cada uno de estos órganos, para que el equipo de trabajo tenga la libertad de pasar a las siguientes fases, estando seguros de que nuevas órdenes no tirarán por tierra el trabajo realizado.

En caso de sucesión intergeneracional, es muy importante que las dos generaciones estén de acuerdo con esta propuesta. Probablemente nos encontraremos ante visiones muy diferentes, pero es necesario y muy sano buscar una solución que convenza a todos. La generación saliente deberá aportar su experiencia y el conocimiento de la empresa, y la entrante, la frescura y la menor rigidez de sus convencimientos. Lo que parece indudable es que el nuevo director general deberá trabajar con una estructura con la que se encuentre cómodo, por lo que su opinión debe ser más que relevante.

Una vez aprobada la propuesta de estructura y de talento, fijaremos el timing necesario para la correcta cobertura de cada puesto de trabajo. Si el actual director de marketing va a pasar a ser director comercial, necesitaremos que antes de que dé el salto a su nuevo puesto tenga a su sustituto completamente formado y preparado. Y así con cada puesto de trabajo que se vaya

El proceso de sucesión

a ver afectado. Por tanto, debemos hacer este estudio desde abajo hacia arriba, terminando con el del nuevo director general. En nuestro calendario inicial de esta segunda fase, fijaremos la fecha en la que este análisis debe estar terminado y presentado. Como ya sabemos la fecha final en la que el nuevo director general debería tomar posesión de su cargo, comprobaremos si unas y otras fechas son compatibles. De no serlo, deberemos o forzar el *timing* o aplazar el momento final de la sucesión.

Una vez aprobada la propuesta, se incluirá en el calendario la fecha en la que cada puesto tiene que estar cubierto, teniendo en cuenta si lo será por alguien de dentro de la empresa o si tendremos que contratarlo, las necesidades de formación del aspirante, la posibilidad de que el actual jefe asuma para sí mismo algunas funciones hasta que el candidato esté preparado, etcétera, etcétera.

Especial cuidado habrá que tener con los miembros de la familia, tanto los que se quedarán como los que dejarán de participar en el día a día de la compañía. Estos últimos deberán comprometerse con la fecha de retirada que se acuerde, porque, si por algún motivo, se arrepienten y quieren posponer su salida, condicionarán las fechas del resto de los cambios que se tienen que realizar. Podrían llegar a producirse conflictos que hay que evitar a toda costa, y qué mejor manera de dejarlo claro que firmando un sencillo compromiso.

Hay un tema importante que debemos ver dónde lo situamos dentro del calendario, y es la comunicación interna del proceso de sucesión. Mi recomendación es que comuniquemos que hemos iniciado el proceso de sucesión con transparencia y normalidad. Una vez decidida la fecha en la que el actual director general dejará paso al nuevo, y el nombre de quien ocupará este cargo, primero deberíamos contárselo a los ejecutivos, para a continuación hacer un comunicado general a la empresa. Sin duda, la rumorología empezará a hacer su trabajo, pero la mayoría de los empleados agradecerá la transparencia y la intención de la familia de continuar dirigiendo la empresa, lo que será una fantástica noticia para unos empleados cuyo futuro, no olvidemos, estará íntimamente ligado a la continuidad de la compañía.

El resto de la información, especialmente la que tiene que ver con la nueva estructura y los cambios en el organigrama, debemos manejarla con cautela. Es más que probable que, según vayamos haciendo los análisis necesarios, tengamos que contar con ciertos directivos, tanto para **conocer** su opinión como para que nos ayuden a **conocer** mejor el talento que atesoramos en la empresa. Nadie como usted **conoce** el grado de implicación, discreción y fidelidad de su equipo más cercano, pero, sea como fuere, habrá que pedirles una estricta confidencialidad.

Una vez definido el calendario y aprobadas la nueva estructura y el organigrama, lo comunicaríamos a toda la organización. Eso sí, sin especificar la persona que ocupará cada puesto, lo que haremos en el momento que se vaya a producir cada relevo.

Evidentemente, y como decía anteriormente, cada paso deberá ser aprobado por el consejo de administración.

Llegados a este punto tendríamos todo preparado:

- El calendario de implantación.
- El nuevo organigrama que incluirá los nombres de los elegidos.
- El plan de comunicación interna del proceso.

Bueno, en realidad faltaría una cosa. Un plan B. Que se cumplan todos los hitos es casi imposible. Seguro que nos costará más de lo previsto atraer el talento externo que necesitamos, o, tal vez, nos encontremos con que, disgustados con su nuevo rol, algunas personas de la empresa con las que contábamos inicialmente decidirán abandonarla, etcétera, etcétera. Por este motivo sería conveniente tener previsto ese plan B al que hacía referencia.

Reconozco que no es fácil lo que estoy sugiriendo, pero, por lo menos, deberíamos valorar, desde el principio, qué alternativas podríamos manejar en el caso de que tengamos problemas en los puestos más sensibles, o con las personas menos fieles o más peleonas.

**En nuestro ejemplo,** *al no haber cambio generacional, y tras consultarlo con el comité de sucesión y con algunos ejecutivos, Rosa propone tan solo un cambio en el organigrama. Que se unan bajo una misma dirección el departamento comercial que en la actualidad dirige Luis, el próximo director general, y el de exportación a cuyo mando está Laura, la hija de Luis, a quien en realidad reportaba, más que porque estuviese así descrito en el organigrama, porque la relación padre-hija y la experiencia de Luis así lo demandaban. Todos coinciden en que es una buena decisión, porque quieren que toda el área de negocio esté bajo el control y la supervisión de un miembro de la familia. Además, les parece fantástico que sea, en este caso a Laura, a quien Luis transmita su experiencia y sus contactos, que se consideran un patrimonio empresarial que debe quedar en manos de la familia.*

*Se crearán, por tanto, además del puesto que ocupará Laura, el de dirección comercial nacional y el de dirección comercial internacional. Para el primero, Luis y Rosa sugieren nombrar al actual director de marketing, y para el segundo, al área manager de Europa y Asia. Ninguno de los dos son miembros de la familia. Para sustituir en su puesto a estas dos personas, se promocionará a director de marketing a Mario, hijo de María, y actual jefe de producto, y para el puesto de área manager se acudirá al mercado de trabajo, como también se hará para sustituir a Mario como jefe de producto.*

*(Fíjese lo que un pequeño cambio desencadena. Imagínese cuando el cambio en el organigrama sea mucho más profundo. Se necesita tiempo, mucho tiempo).*

*Rosa continuará trabajando hasta que Luis cumpla los sesenta y cinco años y no se prevé la salida de ningún otro familiar de la compañía.*

*Desde que María anunció su deseo de jubilarse en dos años y medio han pasado seis meses entre las diferentes fases del proyecto, por lo que quedan dos años justos para la fecha y la hora zulú.*

*Lo primero que deberán hacer es contratar a la nueva área manager y al nuevo jefe de producto. Los demás cambios irán sucediéndose según el calendario adjunto.*

| PUESTO A CUBRIR | ACTUAL | FUTURO | MES 0 | MES 3 | MES 6 | MES 9 | MES 12 | MES 15 | MES 18 | MES 21 | MES 24 |
|---|---|---|---|---|---|---|---|---|---|---|---|
| AREA MANAGER | AMI | CONTRATAR | ● | ● | ● | | | | | | |
| JEFE PRODUCTO | MARIO | CONTRATAR | ● | ● | ● | | | | | | |
| DIR. MARKETING | DMKT | MARIO | | | | ● | ● | ● | | | |
| DIR. INTERNACIONAL | LAURA | AMI | | | | ● | ● | ● | | | |
| DIR. COMERCIAL NACIONAL | LUIS | DMKT | | | | | | | ● | ● | ● |
| DIR. COMERCIAL E INTERNACIONAL | NUEVO | LAURA | | | | ● | ● | ● | ● | ● | |
| CEO | MARIA | LUIS | | | | | | | | ● | ● |

*Los periodos marcados comprenden tanto el periodo de contratación como el que se considera adecuado para realizar la promoción, así como el tiempo necesario para que todos los ejecutivos seleccionados reciban la formación que se estime adecuada.*

*En el caso de Laura el periodo de formación es tan largo porque se le exigirá, y facilitará, que realice un máster en dirección comercial.*

*A la hora de pensar en un plan B solo se detectan dos posibles problemas. El primero, que se tarde más tiempo del inicialmente previsto en realizar las dos contrataciones, en cuyo caso se recortaría en tres meses la formación de los nuevos directores de marketing y de internacional, lo que no se considera un problema importante.*

*El segundo problema podría llegar a aparecer si el actual director de marketing decide abandonar la empresa, por no aceptar que Laura vaya a ser su próxima jefa. Aunque, sin duda, se le está promocionando, a Luis no le extrañaría que no le sentase bien tener que despachar con Laura, a la que seguro considera menos capacitada que él mismo.*

*Respecto al plan de comunicación interna, se decide informar a todos los empleados de la fecha de jubilación de María y del consiguiente nombramiento de Luis, esa misma semana, para lo que se convocarán sendas reuniones para los turnos de trabajo de mañana y de tarde, a las que asistirán todos los miembros de la segunda generación, incluido Vicente. Reuniones en las que se hará especial énfasis en que con esta solución se garantiza la continuidad y el futuro de Cúchame, S. A.*

*También se decide que no se comunicarán los cambios en el organigrama hasta que estos vayan a suceder. Solo se mantendrán reuniones con los principales directivos y con los candidatos seleccionados para cada puesto, con el fin de valorar dichos cambios con ellos.*

Lo primero que debemos hacer, una vez esté todo decidido y aprobado, es celebrarlo, sobre todo si hemos conseguido llegar a este punto sin demasiados daños colaterales. Pero aunque se hubiesen provocado, debemos celebrarlo. Primero, porque hay que cerrar filas en torno a la decisión tomada y al grupo familiar y, segundo, porque probablemente hayamos sido capaces de tomar la decisión más difícil e importante en la que se verá inmersa la familia y la empresa en muchos años.

Habrá pequeñas empresas en las que todo este proceso será mucho más sencillo que el del ejemplo que he utilizado, pero también habrá otras en las que será mucho más complicado. Y lo será, no ya por el tamaño de la empresa, lo que sin duda influirá, sino por el hecho de que la sucesión se produzca entre miembros de distintas generaciones, o en empresas en las que la tercera o la cuarta generación ostentan ya el poder.

# CAPÍTULO 4

EL TAMAÑO SÍ IMPORTA.
LOS ÓRGANOS DE GOBIERNO
Y LA EMPRESA FAMILIAR

Como hemos visto a lo largo de toda la obra, nada tiene que ver una pequeña empresa cuyos propietarios son un matrimonio con una gran corporación que incluso puede estar cotizando en bolsa. El tamaño, considerando este tanto en lo relativo a la facturación como al número de empleados o al número de accionistas, sí importa. No podrán tener la misma salida del día a día los ejecutivos de una sociedad con cincuenta accionistas, y un consejo de administración formado por siete consejeros, que en una empresa en la que el director general es, además del único propietario, el administrador.

En los siguientes epígrafes trataremos de los órganos de gobierno en estructuras medianas o complicadas, pero sin quitarle el ojo al resto.

## 4.1. La modernización de las estructuras empresariales. El nuevo organigrama

Decíamos que en los procesos de sucesión en los que existe un salto generacional hay que hacer un análisis de si la actual estructura empresarial es la más conveniente para la empresa familiar.

Si a lo largo de la vida de la compañía hemos ido modernizando esa estructura, perfecto, pocos cambios habrá que realizar, pero si, como es más común, hemos ido adaptando la estructura, sobre la marcha, a la entrada de nuevos miembros de la familia, o ni siquiera eso, tendremos que realizar cambios de calado.

En las sucesiones entre primera y segunda generación, en las que la primera lleva treinta o cuarenta años de sacrificado trabajo, es posible que nos encontremos con sistemas de dirección en los que "el patrón" va descargando funciones en sus colaboradores e hijos, sin tener un criterio excesivamente profesional. Seguro que en estos casos habrá mucho que hacer. Por el contrario, es posible que el fundador haya hecho ya esta reflexión, y que no se precise hacer grandes cambios.

Igual pasará en las sucesiones entre segunda y tercera generación, y entre esta y la cuarta. Habrá quien haya ido adaptando su compañía, pero le aseguro que una mayoría de estas empresas familiares continúa trabajando bajo el paraguas de una estructura antigua que, probablemente, haya heredado los típicos vicios de este tipo de compañías, y que debemos cambiar para adaptar la empresa a un organigrama más lógico.

Los contrarios a mi teoría pensarán que tan mal no se están haciendo las cosas si su empresa ha sido capaz de superar cientos de problemas y de crisis durante dos, tres o cuatro generaciones. No puedo estar más de acuerdo con ellos, pero las empresas son seres vivos que tienen que adaptarse a los cambios que se van produciendo en el entorno, a las nuevas tecnologías e incluso a la manera de pensar de las nuevas generaciones que van llegando al mercado laboral.

¿Lo hemos hecho mal? No. A la vista están los resultados.

¿Podríamos haberlo hecho mejor? Nunca lo sabremos.

¿Tenemos que adaptarnos a los cambios? Sin duda. Es más, lo hacemos constantemente y casi sin darnos cuenta.

¿Lo hemos ido haciendo? Tan seguro estoy de que sí como de que no se ha realizado de forma estructurada. A la mayoría de las empresas familiares que han tenido un espectacular desarrollo su propio crecimiento les ha obligado a ir a remolque, a tener que centrarse en el día a día y a no poder pararse a analizar dónde quieren estar en el futuro. Que nadie se enfade conmigo. Excepciones las hay a montones, pero le invito a reflexionar sobre su caso en particular.

Sin que lo que voy a decir a continuación sea común a todas las empresas familiares, a mi entender los mayores problemas o, mejor dicho, las principales áreas de mejora de las empresas familiares, en cuanto a su estructura, su organigrama y su gobierno son las siguientes:

• Tienen estructuras demasiado verticales y jerarquizadas. "El patrón" asume para sí mismo toda la carga de la empresa.

- La toma de decisiones está absolutamente centralizada. No se delega, lo que, cuando la empresa se va complicando, ocasiona retrasos a la hora de tomar las decisiones y paralización de los proyectos.
- El organigrama se va construyendo en función de la evolución que va teniendo la empresa y no de la estructura que debe tener para afrontar presente y futuro. ¿Que esto es común en la mayoría de las empresas que se crean? De acuerdo, pero son capaces de adaptarse mucho más rápido. En las empresas familiares el "patrón" suele ir cediendo funciones y creando nuevos puestos según lo demanda el crecimiento, que le ahoga. Y ello mediante la incorporación, en los puestos más importantes, de familiares y gente de su confianza.
- Los hijos del "patrón" acaban acumulando funciones de todo tipo, que nada tienen que ver con el core de su puesto. "Pepita, lleva tú el tema de la convención anual, que el de personal bastante tiene con las nóminas". Este ejemplo tan bobo resulta anecdótico si lo comparamos con situaciones que he vivido personalmente, como que el director financiero de una reputada empresa sea el que negocia con los distribuidores, en lugar de que esa función la realice el director comercial.

Si no se van actualizando estas funciones a lo largo del tiempo, se va perpetuando el error, surgiendo además un problema añadido. ¿Quién es el guapo que se atreve a poner orden y a quitarle a Pepita que sea ella la que organice la convención, con lo que le gusta hacerlo?

Al patrón fundador le suele costar menos tomar estas decisiones que cuando este puesto reside ya en algún hijo o nieto suyo, quienes en muchas ocasiones prefieren dejar las cosas como están a crearse un problema con algún familiar.

El reto es aún mayor cuando el miembro de la familia no está cumpliendo con las expectativas en alguna de sus labores, y aun así lo dejamos estar para no crear un enfrentamiento.

Los órganos de gobierno acaban estando formados por los mismos participantes, más algún externo a la familia, habitualmente acongojado.

Da igual que sea la junta de accionistas, el consejo de administración, el comité ejecutivo o la cena de Nochebuena. Esta situación nos aleja del dinamismo necesario, y, sobre todo, del sentimiento crítico.

La suma de todos estos aspectos, unida a la más que probable falta de ganas de cambiar las cosas y de salir de nuestras zonas de confort, provoca, sobre todo cuando las empresas van bien, que no se tomen las medidas adecuadas en relación con la estructura, el organigrama y el gobierno.

La entrada de un nuevo director general es el momento perfecto para dar un paso adelante y atrevernos a modernizar las estructuras. Si además hay un cambio generacional, todavía mejor. Eso sí, tratando de convencer al resto de las bondades del cambio y, desde luego, dejando el hacha en casa.

Dos recomendaciones para cuando empiece a dibujar el organigrama que quiera que tenga su empresa en el futuro:

La primera, que piense, por un lado, en el organigrama que le gustaría que tenga la empresa en el futuro y, por otro, que, acercándose al anterior, diseñe el que crea que puede absorber la empresa en un plazo determinado, por ejemplo, en la fecha efectiva de sucesión.

En muchos casos no tendremos impedimentos que nos impidan poder dibujar directamente el organigrama definitivo, pero en otras ocasiones será recomendable hacerlo en dos pasos. Por ejemplo, es posible que no nos interese, por el momento, independizar un departamento, porque está inmerso en un proyecto importante que podría verse comprometido. También es posible que algún miembro de la generación saliente proponga esperar un año más para su salida de la empresa. En lo posible, le concedería esa prórroga.

La segunda es de obligado cumplimiento. Sí o sí, deben diseñar el organigrama pensando solo en los puestos y nunca en las personas que creemos los ocuparán. Nuestro organigrama debe ser el mejor que nuestra empresa pueda absorber. Si no lo hacemos así, volveremos a tener una estructura ineficiente.

Una vez que tengamos ya el esbozo de lo que queremos, habrá llegado el momento de colocar los cromos. Como veíamos en apartados anteriores, con la deseable matriz de talento como herramienta principal y nuestra experiencia y la de los que nos rodean, valoraremos quién, cuándo y por qué ocupará cada posición en el nuevo organigrama.

También deberemos reorganizar los órganos de gobierno para adaptarlos a la nueva estructura y para que todos ellos aporten su granito de arena para la consecución de los objetivos empresariales y familiares. Vamos a ello.

## 4.2. La junta de accionistas

Todos conocemos perfectamente en qué consiste y cuáles son las funciones de la junta de accionistas de una sociedad, y no voy a detenerme demasiado en ella. Solo un par de detalles que tienen su importancia en la empresa familiar y que me gustaría recordar.

La habitual coincidencia de los miembros que pertenecen al consejo de administración y a la junta de accionistas conlleva que en la mayoría de las empresas familiares de hasta la tercera generación la junta sea un mero formalismo, cuyo recorrido no va más allá, en la junta general ordinaria anual, de la aprobación de las cuentas, de la gestión y del reparto de dividendos.

En muchas ocasiones, sobre todo en empresas más longevas, existen accionistas de ramas familiares alejadas de la gestión de la empresa o incluso algunos socios minoritarios que pueden ser ajenos a la familia. No son pocas las empresas que buscando incrementar su pulmón financiero han dado entrada a sociedades de capital riesgo o a fondos de inversión, o que, para dotar de liquidez a las acciones, han sacado a bolsa una porción de las mismas, manteniendo la mayoría de ellas en poder de la familia.

No cabe duda de que, en estos casos, la junta de accionistas cobra un papel más preponderante, sobre todo si la empresa es cotizada. Además de las normas que, en este caso concreto, debemos cumplir, así como de la vigilancia de la CNMV, debemos tener claro que hay que ser muy transparente con estos accionistas externos, y, más aún, en cuanto al proceso de sucesión.

Como inversores que son, no solo tiene voz y voto, aunque este sea minoritario, sino que deben tener la tranquilidad de que toda la gestión familiar de la empresa, y muy especialmente la de la sucesión, se realiza con criterios puramente empresariales. Independientemente de lo que marquen los estatutos societarios, es obligado realizar una junta general extraordinaria en la que se informe y se apruebe el proceso de sucesión.

Otro aspecto en el que me gustaría pararme es el referente a las matemáticas. Tranquilícese, no voy a dar una clase magistral sobre las integrales. Me refiero a que las matemáticas y el juego de mayorías en la junta de accionistas tendrán un papel relevante en cuanto a la toma de decisiones. Y esto cobra importancia tanto en las sumas de poder entre la familia y los accionistas externos, como entre las distintas ramas familiares.

Los estatutos sociales nos marcarán una horquilla sobre el número de consejeros que debe tener la compañía. La junta decidirá cuántos habrá finalmente y será la encargada de nombrarlos. También decidirá si habrá consejeros independientes, lo que la familia, que tendrá la mayoría de las acciones, decidirá en base a sus propios criterios de gestión, pero también atendiendo a la solicitud de terceros accionistas.

Además, es posible que las ramas familiares accionistas pero alejadas de la gestión a las que hacíamos referencia, puedan tener derecho a nombrar algún miembro en el consejo, o que los fondos de inversión que hayan entrado en el capital de la compañía hayan negociado tener un par de ellos. Todo esto puede provocar que, aun permaneciendo la mayoría del capital social en manos de la familia, puede que no conserven esta mayoría en el seno del consejo de administración. Veamos un ejemplo:

*Supongamos una compañía con la siguiente composición accionarial:*

*Rama familiar 1: 18%*
*Rama familiar 2: 18%*

*Rama familiar 3: 18%*
*Rama familiar 4: 18%*
*Primos lejanos: 10%*
*Fondo de inversión 1: 9%*
*Fondo de inversión 2: 9%*

*El número de consejeros establecidos es de siete, uno por rama familiar; los dos fondos de inversión negociaron tener un sillón cada uno en el consejo, y los primos lejanos también tienen derecho a otro. No hay consejeros independientes.*

*Con esta distribución del capital, con que se junten tres de las cuatro ramas familiares tienen la mayoría necesaria para tomar decisiones. Sin embargo, en el consejo de administración necesitarían estar las cuatro de acuerdo, porque necesitarían esos cuatro votos de los siete posibles.*

*O lo que es peor, una sola rama familiar, apoyándose en los fondos y en los primos, conseguiría tener la mayoría.*

Aunque en la junta general de la compañía podría arreglarse este desaguisado, el daño podría ser ya irreparable. Por ejemplo, con el cese del actual presidente del consejo y el nombramiento de uno nuevo, función que está reservada al consejo y no a la junta. O votando en contra del proceso de sucesión, que se paralizaría hasta que fuesen efectivos los cambios que habría que realizar en los estatutos de la sociedad.

En fin, un lío innecesario que debemos ahorrarnos, pensando muy detenidamente la estructura que queremos que tenga el consejo de administración, del que hablaremos a continuación.

Estoy seguro de que durante la lectura de este libro le habrá parecido aburrida y repetitiva mi obsesión por llegar, sí o sí, a un consenso durante el proceso de sucesión. Si es así, lo siento de corazón, pero fíjese qué pasaría si, fruto del mismo, una rama familiar de las del anterior ejemplo decide abandonar la compañía y vender sus acciones. Le dejo algunas preguntas en el aire.

*¿Tendrán el resto de ramas familiares la financiación y las ganas necesarias para comprar su parte proporcional?*

*¿Aprovecharán los primos lejanos para vender también su parte?*

*¿Sería conveniente crear la mayor autocartera posible para que los fondos de inversión no incrementasen su participación, lo que podría llegar a situarles como accionistas principales?*

*¿Estaría en riesgo de desaparición la cultura familiar de la compañía?*

*¿Y su desaparición como tal?*


## 4.3. El consejo de administración

Ya hemos puesto de manifiesto la importancia que para la familia tiene el control del consejo de administración.

Aunque los distintos accionistas deben defender sus posiciones en la junta de accionistas, la realidad es que en casi todas las empresas, y, especialmente en las familiares, es en el consejo donde se suelen defender las mismas, lo que, siendo muy respetable y prácticamente ineludible, nos aleja un poco de las verdaderas funciones que tiene, pues su auténtica función es la de administrar la compañía.

Con independencia de la normativa que regula las funciones del consejo y los derechos y deberes de los consejeros, que animo a consultar en los miles de trabajos al respecto disponibles publicados, siempre he pensado que tener un consejo de administración potente es fundamental para el presente y el futuro de nuestras empresas familiares.

Decíamos antes que en muchas empresas familiares es difícil diferenciar la cena de Nochebuena del comité ejecutivo y del consejo de administración, porque a los tres asisten prácticamente las mismas personas.

Esta redundancia conduce a que el consejo de administración pueda llegar a ser un mero formalismo para la aprobación de ciertas exigencias legales, como la formulación de las cuentas anuales o las grandes inversiones. El resto de las labores importantes, que deberían ser asumidas por el consejo, se cocinan y deciden en los comités de dirección de las empresas.

Cuando la empresa está empezando, si su tamaño es realmente pequeño o si la labor ejecutiva y de consejero recae sobre las mismas personas, puede tener sentido. Pero según vaya creciendo estaremos obligados a diferenciar funciones y a crear un consejo de administración formal, que realice, de forma profesional, las labores que le corresponde, con independencia de la parte ejecutiva.

Del consejo debe emanar la estrategia y la supervisión de la empresa, debe aprobar los planes de negocio, las inversiones de calado y las políticas de la compañía, gestionar los riesgos inherentes a su actividad, nombrar y supervisar a los primeros ejecutivos, marcar la cultura corporativa y, desde los últimos años, supervisar las políticas de sostenibilidad y responsabilidad social.

Entre todas estas funciones que he compartido con ustedes, que no pretenden más que poner de manifiesto la importancia del consejo, echarán algunas de menos, y muy concretamente la que tiene que ver con la protección que debe ejercer sobre los intereses de los accionistas.

He preferido separarla, porque, como les decía anteriormente, suele ser de las pocas funciones que realizan los consejeros de las empresas familiares que no tienen desarrollados los órganos de gobierno. Pero es que, además, no se trata de proteger la posición de nuestra rama familiar, que también, sino de defender los intereses de todos los accionistas.

No piensen que estoy en contra de que la familia esté presente en el consejo de administración. Al contrario, soy un defensor acérrimo de su presencia, pero no para que les rindan cuentas, que para eso está la junta de accionistas, sino para arrimar el hombro en búsqueda del mejor desarrollo y de la consecución de los objetivos empresariales.

Como decía un buen amigo, al consejo hay que asistir con actitud y espíritu de servicio. No de que te sirvan.

Conseguir tener un buen consejo de administración que sea operativo y que cumpla sus funciones nos llevará años. Sobre todo porque nos obligará a cambiar nuestra forma de trabajar. No pasa nada, no se trata de tenerlo montado de hoy para mañana, pero hay que ir dando los pasos adecuados para ir desarrollándolo.

Uno de los principales obstáculos para iniciar la aventura de montar un buen consejo viene de la posible falta de interés en llevarlo a cabo. Primero, porque puede parecer no prioritario y, segundo, porque, debido a la doble condición de ejecutivo y consejero que ostentarán muchos de los miembros de la familia, nos resultará engorroso, molesto y hasta aburrido.

¿Para qué vamos a ver y evaluar, otra vez, en el consejo el plan estratégico si ya lo hemos aprobado todos en el comité directivo de turno? Pues porque es una función indelegable del consejo, y así debe ser. Además, una vez aprobado por el consejo, solo este mismo órgano podrá cambiarlo o echarlo atrás. No será una decisión que pueda tomar el director general.

¿Por qué tengo que buscar la aprobación del consejo para sustituir al director financiero si siempre he tomado yo ese tipo de decisiones?, se preguntará el director general. Por lo mismo que antes, y porque los consejeros querrán conocer los motivos, las nuevas condiciones, el currículo, la remuneración y, sobre todo, porque le ayudarán a no equivocarse.

¿Por qué tiene que meterse el consejo en el tema de la sostenibilidad?, pensará el sobrino que se encarga de este asunto porque le ha tocado. Pues porque también es otra función indelegable del consejo, el cual, además, ve que no existe la preocupación real de nadie de la empresa en su desarrollo.

¿Qué es esto de las funciones indelegables del consejo? Le invito también a que se informe sobre este tema y sobre los derechos y deberes de los consejeros. Estos son los responsables máximos de las actividades de la empresa. Si, Dios no lo quiera, nuestra compañía se ve envuelta en una crisis ecológica por el vertido de un contaminante en un río, o en un soborno a un funcionario para ganar una licitación, o en una crisis sanitaria por la venta de un producto en mal estado, los principales y últimos responsables serán los miembros del consejo, pudiendo tener problemas graves, civiles y penales, si no demuestran haber sido diligentes y haber puesto los medios para que esos sucesos no ocurran. Ser consejero no es, ni mucho menos, un juego. Es tan alta la responsabilidad que tienen que no llego a entender por qué muchos de ellos lo son sin preocuparse lo más mínimo por sus deberes.

En las compañías familiares en las que su liderazgo está todavía en la primera o en la segunda generación se produce una cuestión difícil de manejar y que tampoco ayuda a desarrollar el consejo. Tu hermano mayor, que es el director general y por tanto tu jefe, ha decidido no hacer demasiado caso a un asunto que, por no cumplir con el compliance de la compañía, no debería ponerse en marcha. Como esbirro suyo que eres, poco podrás hacer, pero ¿y cómo consejero? Solo tienes dos opciones, asumir el riesgo del incumplimiento o escalar el problema hasta el consejo y que este determine qué hacer. Si a pesar de su voto en contra el proyecto sale adelante, no olvide indicar al secretario del consejo que quiere que su voto negativo quede claramente reflejado en acta. No vaya a ser que…

Todo aquello que suponga modificar la estructura de poder en la empresa no será apoyado por quienes lo ostentan, lo que constituye un freno sin igual para la modernización del consejo. Ni los que tienen el poder deben ser cortoplacistas ni los que no lo tienen, conformistas. En un futuro no muy lejano su empresa necesitará un consejo de administración fuerte, en el que no habrá ejecutivos que a la vez sean consejeros. Para cuando eso pase, ya debemos tener el consejo perfectamente engrasado y listo para aportar lo que se espera de él.

Una vez tengamos decidido acometer esta tarea, o, incluso antes, mi recomendación es que todos los actuales y futuribles miembros del consejo reciban una formación, a ser posible *in house*, sobre qué es un consejo de administración y un consejero. Créanme que quien no conozca el tema se irá gratamente sorprendido y, tal vez, algo asustado.

De la misma manera que a lo largo de nuestra vida nos hemos ido formando académicamente y hemos hecho todos los cursos y másteres necesarios para rendir en nuestro puesto de trabajo, es más que conveniente que se nos faciliten los recursos necesarios para, ahora, aprender a ser un buen consejero.

Mi recomendación es contratar a un secretario del consejo que tenga experiencia en ese puesto en empresas cotizadas, pero también en empresas de un tamaño similar al nuestro. No solo nos ayudará a delimitar correctamente las funciones del consejo, sino que nos guiará para que poco a poco vaya convirtiéndose en un órgano profesionalizado.

Una de las discusiones más comunes, en los últimos años, en compañías no cotizadas —en compañías que cotizan ya es obligatorio— es la de la incorporación al consejo de consejeros independientes. Desde mi punto de vista creo que es mejor dejar esta discusión para un poco más adelante, pero creo que sí que es interesante contratar a dos o tres profesionales de reconocida valía para que asistan a las reuniones del consejo como asesores del mismo, no como consejeros. La diferencia fundamental entre estas figuras de consejero y asesor es que estos últimos no pertenecen al consejo, no son consejeros, y por ello no tienen derecho a voto, ni tampoco la responsabilidad de un consejero.

Las razones que me obligan a convencerle para que los contraten son de lo más variadas:

Trataremos, dentro de nuestras posibilidades económicas, de contratar a profesionales de primera línea, tanto en lo que se refiere a la gobernanza como en otros campos en los que más ayuda podamos necesitar. Si nuestra empresa necesita, en estos momentos, desarrollarse en inteligencia artificial y en el área financiera, por ejemplo, contrataríamos a dos expertos en estos campos, para que nos orienten hacia donde debemos ir.

Junto al secretario, nos ayudarán, además, a mejorar el consejo, y a no escuchar solo la voz del primero.

No solo nos interesa su experiencia, sino que debemos valorar también su independencia. Tener en el consejo a buenos profesionales que no tienen más interés que ayudar y que se sentirán libres para decir lo que piensan es un lujo al que no debemos renunciar. No le quepa duda de que en ocasiones nos irritarán, porque opinarán lo contrario de lo que pensamos e, incluso en otras, nos sacarán los colores al trasladarnos las áreas de mejora que tenemos. Si no es esa su actitud y lo único que hacen es dorarnos la píldora, cámbielos por otros. Queremos que nos ayuden a mejorar.

También nos ayudarán a alejarnos de la típica endogamia de la empresa familiar, porque nos harán ver que en el entorno hay oportunidades y riesgos diferentes a los que nosotros valoramos, y que por su experiencia en otras empresas las cosas pueden y deben hacerse de otra manera.

De entre los principales defectos que he presenciado en empresas de tipo familiar, además de la endogamia, destacaría lo poco acostumbrada que está la familia a que alguien rete sus decisiones, a que las pongan en duda. Tenga por seguro que si nos rodeamos de buenos asesores no pararán de preguntarnos por qué, si no hay nada mejor o, simplemente, que esos números no son consecuentes. Pondrán en tela de juicio y retarán nuestras decisiones, nos demostrarán que hacerlo enriquece a la empresa y, lo que es mejor, nos acostumbrarán a que lo hagamos nosotros también. No votarán, luego no nos generarán tensiones extraordinarias en cuanto al reparto de poder y en las mayorías. Como ya decía, incorporar en este momento inicial a un consejero independiente puede crear incertidumbre y hasta pánico.

Respecto a ellos, tendremos la ventaja, además, de que su contratación nos será menos onerosa, pero la desventaja de que al no ser consejeros no tendrán el mismo nivel de responsabilidad que tendrían si lo fuesen, lo que, por otra parte, dificultaría su contratación, porque nos costaría encontrar perfiles adecuados que asumiesen el riesgo de formar parte de consejos poco profesionalizados, que carecen de las mínimas medidas de control.

¿Cuántas empresas familiares adolecen de los mecanismos adecuados para asegurar la tranquilidad de sus consejeros, como pueden ser un departamento de auditoría interna, de compliance, una correcta matriz de riesgos o protocolos de empresa que salvaguarden su nombre y responsabilidad? Ninguna persona de prestigio estará dispuesta a unirse a esa aventura llena de incertidumbres. En uno de los ejemplos que ponía con anterioridad, el del vertido al río de productos contaminantes, si la empresa no demostrase que el consejo contaba con un plan de compliance y un protocolo de actuación para que esto no sucediese, todos los consejeros, da igual que sean independientes o miembros de la familia, tendrían un problema serio.

El nuevo secretario y los asesores que se incorporen al consejo nos ayudarán a mejorar poco a poco todas estas cuestiones. Nuestro objetivo debe ser el de acercarnos a la excelencia que tienen las empresas cotizadas en sus órganos de gobierno, a tratar de funcionar como ellas, buscando la transparencia y la eficiencia, pero sin tener que soportar la presión del regulador.

Contar, por ejemplo, con un auditor interno en la empresa familiar es fundamental, tanto para que proteja los intereses de los consejeros y los socios como para aumentar la confianza en nuestra empresa de otros actores, como los bancos o los organismos oficiales.

Otra cuestión que debemos analizar tiene que ver con el tamaño que debe tener nuestro consejo y con quiénes deben ser consejeros.

Ya vimos al hablar de la junta de accionistas que el tamaño del consejo de administración y la elección de los consejeros depende de la propia junta, así que será esta la que lo decida, conforme a los estatutos sociales. Los consejeros, por su parte, serán los que nombren a quien será el presidente del consejo de administración.

Veíamos también que, según el porcentaje de participación que tenga cada accionista, se repartirán entre ellos el derecho a nombrar a quien estimen oportuno.

Por último, según acabamos de ver, mientras no tengamos un consejo maduro, no nos plantearemos la posibilidad de incluir a consejeros independientes.

El tamaño sí importa. Los órganos de gobierno y la empresa familiar

●●●●●●

En mi opinión, el tamaño óptimo de un consejo de administración para empresas familiares medianas y grandes estaría en una horquilla de entre siete y once consejeros. En lo posible, sería deseable que fuese un número impar, para que no haya bloqueos en las posibles votaciones ni tengamos que dar al presidente del consejo un voto de calidad.

El número final dependerá de cuantos accionistas sean acreedores de tener un sillón en el consejo. Recordamos que la condición de empresa familiar no entra en contradicción con que puedan existir accionistas que no pertenezcan a la familia, como veíamos en el ejemplo antes referido. Pero, por simplificar, vamos a tratar el caso en el que todas las acciones están en manos de la familia y en que todas las ramas familiares tienen el mismo porcentaje del capital.

No voy a entrar a valorar tampoco cuando el cien por cien de la empresa es propiedad de una sola persona, del patriarca, quien todavía —trabaje o no en la compañía en esos momentos— no ha transmitido las acciones a sus hijos. Si sigue estando al pie del cañón y con intención de seguir mandando en la empresa, deberá crear un órgano de gobierno en el que él será el único administrador, y sus hijos, asesores sin derecho a voto. La empresa es suya y sus descendientes no tendrán más remedio que convencerle de sus propuestas.

Dejando este caso aparte y volviendo a la hipótesis de que cada rama familiar tiene el mismo porcentaje del capital y, por tanto, los mismos derechos en el consejo, en función del número de ramas familiares, mi recomendación sería la siguiente:

- Dos ramas familiares. Propondría cinco consejeros, dos por rama familiar y una persona que cuente con la confianza de las dos ramas familiares, que por su experiencia y formación aporte valor al consejo, y que, por su honestidad, pueda desbloquear una indeseable votación.
- Tres ramas. Propondría tres consejeros, que corresponderían cada uno a una de las tres ramas familiares, y un asesor, no consejero, por cada rama. De esta forma, conseguimos tener un número adecuado entre consejeros y asesores, pero sortearíamos el posible empate en votaciones.

- Cuatro ramas. Propondría nueve consejeros, dos por rama familiar y la misma persona de confianza de la que hablábamos en el primero de los casos.
- Cinco ramas. Propondría, como en el caso de las tres ramas, un consejero por rama familiar, cinco consejeros, y un asesor nombrado por cada rama, o solo los cinco consejeros. Habría que analizarlo detenidamente, porque diez personas de la familia, sumando consejeros y asesores, podrían ser demasiadas si queremos incluir a algún asesor externo.
- A partir de la sexta rama familiar, propondría un solo consejero por rama, incluyendo además al "desbloqueador independiente" cuando el número de ramas sea par.

En los casos anteriores hemos partido de la base de que todas las ramas familiares están interesadas en tener un sillón en el consejo, y que cada rama cuenta con familiares con el talento necesario para ser elegible para tal menester.

La siguiente pregunta que debemos hacernos es ¿quién puede y debe ser consejero, y qué le vamos a exigir para que lo sea?

Como hemos visto a lo largo de este capítulo, lo deseable sería que los consejeros no sean a su vez ejecutivos, pero durante las dos primeras generaciones será imposible conseguirlo, por lo que los consejeros-ejecutivos tendrán que tratar de ponerse la camiseta correspondiente en cada situación.

Si continuamos con la hipótesis de que cada rama familiar pueda nombrar a un consejero, lo ideal sería que ese honor le corresponda, como normalmente sucederá, al patriarca de cada rama, pero en ocasiones o no querrá o preferirá que ese puesto lo ocupe alguno de sus hijos. Incluso tal vez no sea la mejor opción posible porque lleve tiempo alejado de la compañía, por estar enfermo o por lo que sea.

A cada candidato se le debería exigir que tenga un conocimiento amplio de la compañía y una experiencia mínima de quince o veinte años en puestos directivos, ya sea en la empresa familiar o en otras.

Por supuesto, debe tener la formación necesaria, y no hablo ya de la etapa universitaria, sino de másteres en dirección o gestión empresarial, en las labores del consejo y en finanzas.

Pensará usted que casi ninguno de sus hijos cumple con las tres formaciones descritas. Ni en su familia ni en la de nadie se cumple, por lo que tendremos que pautar los másteres que necesitará hacer cada uno. ¿O es que un consejero puede formular las cuentas anuales sin saber ni lo que es una cuenta de pérdidas y ganancias o un balance?

Desde el punto de vista menos formal, también hay que pedirle que, de verdad, se comprometa con el consejo, lo que quiere decir que debe tomarse muy en serio el puesto y la responsabilidad que tiene que asumir, que dedicará el tiempo necesario para hacer una buena labor, y que es tan importante que acuda a los consejos como que se estudie los temas que se tratarán en ellos con anterioridad a su celebración. Deberá estará dispuesto a invertir su tiempo en formarse, así como a acudir a las reuniones con el ánimo de cooperar en el buen desarrollo del consejo y de la compañía, sin que por eso deba dejar de preguntar, exigir y retar. En resumen, debe de comportarse como un consejero profesional.

Que los principales ejecutivos miembros de la familia empresarial pasen, si es que no lo son ya, a ser consejeros, cuando nos encontremos en una sucesión con cambio generacional de por medio, me parece un absoluto acierto, tanto para la compañía como para la generación entrante, y para ellos mismos. Hablaremos de este punto más adelante, pero no quería dejar de apuntar esta pequeña reflexión en un capítulo como este, que podría parecer poco conectado con la sucesión en la empresa familiar.

Sin embargo, sí que quiero profundizar en un aspecto de la sucesión del que todavía no hemos hablado, y que no es otro que el relevo o la sucesión de los consejeros como miembros de este órgano de gobierno.

En muchos protocolos familiares suele venir pautada la fecha de retirada de los consejeros. En los que he podido consultar, la horquilla suele estar entre los setenta y los setenta y cinco años. Como idea general no me parece mal, pero la contestación a una serie de preguntas que me hago me genera ciertas dudas.

Por el lado del *bonus*, o de recomendar marcar una fecha de jubilación, habremos de considerar los relativos a la edad, como pueden ser la salud (sobre todo la mental), la falta de empuje o de conocimiento de la legislación aplicable, de nuevas tecnologías, de la manera de pensar de los consumidores, etcétera.

Si hablamos de otros, que tienen que ver con el "egoísmo", tendríamos desde el consejero que nunca se irá porque se siente en su derecho a permanecer en el consejo, y que además de lo anterior valorará la pérdida de la remuneración de consejero, sin que lo demás le importe demasiado.

Incorporar savia nueva sería otro bonus indudable.

Lo que está claro es que si no se limita la edad de los consejeros, intentar que alguno deje el consejo cuando ya no solo no aporte, sino que reste, será muy complicado.

Por el lado del *malus*, o de la opción de no limitar el mandato, nos encontramos también con aspectos relativos a la edad, como que con setenta y cinco años muchas personas están en plena forma para poder continuar ayudando a la compañía, o que prescindiendo de ellos se pierde el conocimiento y la experiencia de una vida entera dedicada a la empresa.

A pesar de mis dudas, creo que no me queda otra que aceptar que es necesario pactar en esos setenta y cinco años la edad máxima de pertenencia al consejo, y asumo que mi consejo de administración ideal para las empresas familiares, formado por consejeros no ejecutivos, será, durante mucho tiempo, una quimera.

En este caso, además de los cambios de camiseta antes referidos, creo que es muy recomendable que la presidencia del consejo, que no debería ser ejecutiva, descanse sobre algún consejero igualmente no ejecutivo.

Tanto si los consejeros se retiran porque han llegado a la edad de jubilación como si lo hacen con anterioridad por el motivo que sea, es evidente que, salvo pacto, cada uno irá jubilándose en una fecha diferente. Formalmente será la junta general de accionistas la que decida su sustituto, pero la realidad, basada en las cuotas, será que la elección del sustituto vendrá designada o desde el mismo consejero que sale o desde su rama familiar.

Sería conveniente que esa decisión esté tomada un par de años antes de la fecha de salida, para que el elegido tenga el tiempo suficiente para formarse en su nuevo puesto. Hablar en este libro de lo que habría que hacer si la baja de un consejero se debiese a un hecho fatal me parece una osadía, porque son tantas las variables que entrarían en juego que especular con la mejor decisión que se puede tomar sería un atrevimiento.

## 4.4. Las comisiones del consejo de administración

Permítanme que les hable, en este apartado, de las comisiones del consejo de administración. Se trata de grupos de trabajo creados por el propio consejo, formados por entre tres y cinco consejeros, para tratar de manera especializada ciertos aspectos importantes para el consejo.

Su razón de ser tiene que ver con que al estar constituidos por pocas personas son más operativos que el propio consejo, con que este no tendría el tiempo suficiente para profundizar en todos los temas y con que suelen pertenecer a estas comisiones consejeros con experiencia en las materias a tratar.

No tienen poder de decisión. Su labor es, por un lado, la vigilancia y seguimiento de los asuntos propios de la comisión, y, por otro, la realización de propuestas concretas al consejo de administración, que este decidirá si aprueba o no.

Algunas de ellas son obligatorias en las sociedades cotizadas, pero en muchas compañías que no lo son se han creado porque son una herramienta eficaz de gestión.

Las más habituales son la comisión de auditoría, la de nombramientos y retribuciones, y la de estrategia o innovación. Aunque últimamente, y ante la nueva legislación europea, la comisión de sostenibilidad está constituyéndose en multitud de consejos.

Respecto a quién forma parte de cada comisión, es el consejo el que lo decide, siendo lo más usual que ningún consejero pertenezca a más de una comisión y que el presidente del consejo no pertenezca a ninguna.

No voy a profundizar en las funciones de cada una porque no es el objeto de esta obra, y porque hay infinidad de información al respecto. Tan solo quiero hacer unos apuntes en relación a lo dicho en el apartado anterior sobre los consejos de administración en las empresas familiares y su relación con los procesos de sucesión.

Siguiendo la estrategia de profesionalizar los órganos de gobierno y de crear un consejo de administración como Dios manda, mi recomendación es que, sin prisa pero sin pausa, las empresas familiares desarrollen alguna de estas comisiones.

Sin duda, recomendaría empezar el camino con dos de ellas. A lo sumo tres. Por su importancia, me decantaría por la de auditoría y por la de nombramientos y retribuciones, dejando, tal vez para una fase posterior, la de estrategia e innovación o la de sostenibilidad.

En consejos de tamaño reducido, como suelen ser los de la mayoría de las empresas familiares, tal vez no podamos cumplir con la norma de que los consejeros no tengan presencia en más de una comisión, o puede incluso ocurrir que los consejeros exijan estar en todas ellas. Sin que esto sea lo más recomendable, no carece de lógica, por lo que no sería inflexible, sobre todo al principio. Aunque muchas veces estén presentes todos los consejeros, se irán acostumbrando a trabajar de esta manera, y al ser reuniones monográficas se centrarán en estudiar y debatir asuntos concretos que de otra forma tal vez se pasasen por alto.

Otro motivo por el que he decidido dar su propio espacio a las comisiones en este libro se debe a que, como desarrollaré más adelante, son una fantástica herramienta para que los ejecutivos familiares salientes en un proceso de sucesión sigan haciendo una importante labor para la empresa, formando parte de estas comisiones, de manera que no se desaproveche la experiencia de tantos años de trabajo.

## 4.5. La asamblea familiar y el consejo de familia

Como su nombre indica, estos dos órganos son, en caso de existir, propios de la empresa familiar. Su definición, funciones, composición, así como la periodicidad con la que deben convocarse vendrán definidas en el protocolo familiar.

Si en su caso no existen, debería de crearlos, porque son una magnífica herramienta para la conciliación de familia y empresa.

### El consejo de familia

Lo primero que debemos entender es que el consejo de familia es independiente del consejo de administración de la empresa familiar. Pueden incluso existir varias empresas propiedad de la misma familia, con cuotas en el accionariado distintas, unas dirigidas por unos miembros y otras por otros, etcétera.

Se encargará de todo lo que tiene que ver con la relación de la familia y la empresa, aunque debe quedar claro que lo que se decida en su seno respecto a las empresas de la familia deberá ser ratificado en el consejo de administración de cada una de ellas. Será en este foro en el que, por ejemplo, se definirá la remuneración de las generaciones entrantes, pero sometida a la aprobación del consejo de administración.

Volvemos al ejemplo de la cena de Nochebuena, en cuanto a que al final casi todos los miembros participan en la mayoría de los órganos de gobierno. Sea así o no, cada órgano tiene sus propias funciones y los que pertenecen a ellos deben, como ya he dicho antes, cambiarse la camiseta según el órgano en el que participen en cada momento. Es en el seno del consejo de familia donde debe discutirse si dejaremos que entre a trabajar un candidato que no cumple el cien por cien de los requisitos de entrada. No en el consejo de administración, aunque sea este órgano el que tomará la decisión definitiva, pero, eso sí, contando ya con el beneplácito de la familia.

En el consejo de familia deben estar representadas todas las ramas familiares, con independencia del porcentaje que cada una de las ramas tenga de las acciones de la empresa, o empresas familiares existentes, o de que sus miembros trabajen y/o sean consejeros o no en la empresa. Mi recomendación es que lo formen dos miembros de cada rama, aunque esto suponga que, al ser par el número de consejeros, pudiera haber empates en las votaciones.

Una de las funciones más importantes del consejo de familia es la de velar por el cumplimiento del protocolo familiar. En la mayoría suele estar estipulado que para que este consejo de familia apruebe asuntos que el protocolo prohíbe se necesitan mayorías mucho más holgadas, por lo que no me preocupa que el número de miembros sea par. Por ejemplo, para que apruebe la entrada del miembro de la familia, del ejemplo anterior, que no cumple con los requisitos de entrada, se precisará entre el sesenta y el setenta y cinco por ciento de los votos.

Lo normal es que sea el patriarca de cada rama familiar quien establezca quiénes serán los representantes de su familia en este consejo. Es posible que en el protocolo se indique quién puede ejercer esta labor y quién no, pero en mi opinión cada rama familiar debería elegir libremente a sus miembros. En la mayoría de los casos, serán el patriarca y su pareja, o un hijo de ellos.

Otra función relevante del consejo de familia, que por sí sola justifica su existencia, es fomentar la unidad familiar y garantizar el futuro, el desarrollo y la continuidad de las empresas familiares. Lo que no significa que no sea este foro en el que debemos estudiar si nos interesa desinvertir en una de las compañías, destinar más recursos a otras o, incluso, la creación de una nueva.

Al hablar del proceso de sucesión decía que la aprobación de sus distintas fases debía realizarse en los órganos de gobierno que cada empresa considerase. En el caso de que exista este consejo, deberá ser este foro el que dé ese primer beneplácito. Es más, el plan de sucesión debe ser uno de sus cometidos, sin que eso signifique que el órgano en pleno sea el que trabaje en su propuesta. Sin embargo, sí que debería ser decisión suya tanto la confección del comité de sucesión como la elección del líder del proceso.

Pero no solo es en este punto en el que se ve la estrecha relación que mantienen el consejo de familia y el plan de sucesión, porque este órgano tiene también entre sus atribuciones la formación de los miembros de la familia y la gestión de conflictos, temas de vital importancia en dicho proceso.

El consejo de familia deberá reunirse tantas veces como sea necesario, pero como mínimo debería hacerlo tres veces al año. Ello porque, incluso si no hay temas urgentes, nos brinda una estupenda oportunidad para charlar tranquilamente, y sin la presencia de externos, de cómo marchan las cosas, o de las inquietudes de cada uno.

## La asamblea familiar

Es el consejo de familia el que debe convocar la asamblea familiar. Las funciones de esta asamblea vendrán definidas en el protocolo.

En alguno de estos protocolos a los que he tenido acceso se confiere a la asamblea familiar funciones decisorias, como la aprobación de lo pactado en el consejo de familia en cuanto a políticas familiares o en cuanto al plan de sucesión.

Desde mi punto de vista, esto no tiene demasiado sentido. Creo que es un fantástico instrumento para buscar la cohesión familiar, para informar a los que no participan como empleados o consejeros en las empresas familiares de su marcha y para motivar y empapar de la cultura familiar a la cantera, que todavía está

preparándose para dar el salto. Por tanto, no le daría otras funciones diferentes a esas.

Algunos protocolos también restringen los miembros de la familia que pueden asistir, por ejemplo, exigiendo que sean mayores de edad. No seré yo el que recomiende que asistan bebés en sus cochecitos, pero que en cada asamblea se puedan juntar decenas de primos a compartir un rato interesante y divertido, que vaya creando ese poso empresarial en los más jóvenes, me parece que está por encima de todo.

Solo con conseguir que estén deseando volver a la siguiente asamblea habremos logrado un éxito para la familia y la empresa. Y piedrecita a piedrecita…

La asamblea familiar debería reunirse, por lo menos, una vez al año. La parte de la información empresarial suele tener un lugar destacado, pero de pequeña extensión. Contar cómo van las cosas, informar de hitos importantes que hayan ocurrido ese año y de planes de futuro. No más de treinta minutos y a cargo del presidente del consejo de administración o del presidente del consejo de familia, quienes, como es lógico, no deben ser la misma persona.

Sin duda, el plan de sucesión será un tema que también haya que contar en la asamblea, pero no ya como algo a discutir, sino dándole un carácter con el que los asistentes celebren que el futuro está asegurado.

Personalmente, me gusta completar lo anterior con una pequeña carga motivacional para todos los asistentes, pero muy especialmente para los que todavía no trabajan en la empresa. Me encanta que uno de los primos mayores cuente al resto a qué se dedica en su día a día de la empresa, cómo es su trabajo, con quién come, alguna anécdota divertida… Le aseguro que va creando fondo de inspiración familiar.

Y, por último, hay que preparar alguna actividad divertida, si es posible, incluso inolvidable. Algo que todos los asistentes recuerden para siempre y que cuando regresen a sus quehaceres les haga pensar que la jornada ha merecido la pena, o que ha "molado mazo". Imaginará usted la edad de cada pensador.

## 4.6. El comité júnior

La mayoría de ustedes no habrán oído hablar de este comité, pero creo que, si en su organigrama tienen cuatro o cinco hijos, sobrinos o nietos, que ya están empezando a trabajar en puestos de cierta responsabilidad, muchos lo incorporarán a su empresa.

En una primera fase deberían formar parte de él los "cachorros" que ya están trabajando en la empresa. Aunque hay quien piensa que debe ser de carácter voluntario, yo soy de los que creen que debe ser obligatorio. Al principio, y, hasta que empiece a rodar con fluidez, debería estar apadrinado y dirigido por un mentor, miembro de la generación superior, si es posible, que sea además miembro del consejo de administración y del consejo de familia, idealmente, el presidente del consejo de familia, quien les ayudará actuando como presidente del comité hasta su puesta en marcha.

Una vez que este vea que está funcionando bien, su labor consistirá en ser el nexo del comité con los dos consejos, y en dar su asesoramiento cuando así se lo pidan. Será el momento, también, de invitar, esta vez sí, con asistencia voluntaria, a otros jóvenes de la familia que, sin estar aún trabajando en la empresa, estén interesados en participar.

En el futuro serán estos cachorros los que lleven las riendas de la empresa y de la familia. Tendrán que aprender a trabajar en equipo, a discrepar ordenadamente y a llegar a conclusiones de consenso.

En parte funcionará como si se tratase del consejo de administración de la compañía, discutiendo sobre la visión de futuro de la empresa, sobre su estrategia y sobre proyectos concretos y áreas de mejora que hayan detectado. Pero también como si fuese el consejo de familia, estudiando, desde su punto de vista, cómo se puede ayudar a los miembros más jóvenes en su carrera profesional, o motivándoles para que su sentimiento de pertenencia y su amor por la empresa y la familia sea cada vez mayor.

Para que se sientan valorados y para que perciban que el comité es importante, deberán ser escuchados tanto por el consejo de administración como por el consejo de familia, por lo que en uno o dos de ellos al año deberían tener un hueco en su agenda para presentar lo que estimen oportuno.

También puede resultar conveniente que alguno de los trabajos que realicen de los propios consejos, encargándoles que estudien y presenten un proyecto sobre un tema que pueda ser de interés para todos.

Constituir este comité me parece un acierto, tanto desde el punto de vista de los que participen en él como del de la propia compañía.

No solo estarán aprendiendo a trabajar en equipo, sino que les ayudará a formarse en la toma de decisiones y en la forma de investigar, estudiar, proponer y presentar nuevos proyectos. Les motivará enormmente, porque se sentirán escuchados y partícipes de las decisiones que se tomen.

Los más mayores transmitirán su experiencia a los más jóvenes. El *feedback* que reciban, tanto si es positivo como negativo, también les enriquecerá enormemente, porque les dará información valiosa del porqué de las cosas. E incluso, porque aprenderán a darla ellos en su momento y a conocer y aceptar lo duro que puede llegar a ser que te echen para atrás proyectos o ideas con los que estabas comprometido.

La empresa también sacará provecho más allá de la propia cohesión familiar y de la formación de sus *juniors*, pues tendrá una nueva visión de aspectos importantes para la compañía, con ideas frescas, que tanto necesitan las empresas familiares, en las que la innovación y las nuevas tecnologías estarán muy presentes.

El tamaño sí importa. Los órganos de gobierno y la empresa familiar

●●●●●●

También le servirá para conocer las habilidades y carencias de cada miembro, pudiendo, así, valorar mejor sus necesidades formativas o su plan de carrera. Quedarán al descubierto cuestiones tan importantes como quién sabe trabajar en equipo y quién no o sobre quién tiene liderazgo. Y, sin duda, le ayudará a la hora de planificar la sucesión en el futuro.

Solo una cosa le pido. No monte el comité júnior si no está dispuesto a darle el valor que tiene. No hacerles el debido caso, no saber darles correctamente el *feedback*, tanto positivo como negativo, y en algunas ocasiones actuar con menosprecio tendrá como resultado justo lo contrario de lo que queríamos conseguir. No desmotivemos.

## 4.7. El comité ejecutivo

En algunas empresas se llamará así y en otras, comité de dirección. Compuesto, normalmente, por el director general y la primera línea de ejecutivos, su misión principal es la de poner en práctica los mandamientos del consejo de administración y la estrategia de la compañía, así como de encargarse de la gestión del día a día.

La composición de este comité es bastante dispar y en las empresas familiares más aún, porque a veces es una mezcla de ejecutivos y de familiares, porque el patrón entiende, con toda la razón del mundo, que es un excelente foro para que las nuevas generaciones se formen y conozcan los entresijos de la compañía.

Cuando la familia va creciendo, y la estructura de la empresa también lo hace, habitualmente de forma desorganizada, suele ocurrir que estos comités directivos pasan a ser meramente informativos. Acaban siendo demasiado grandes, poco prácticos y nada ejecutivos.

Esa labor de información y de formación me parece fantástica y necesaria, pero no debemos perder el foco de las funciones reales de este comité. Por ello recomiendo que, aprovechando el proceso de sucesión, lo reestructuremos, en el que participarían solo los principales ejecutivos (y no todos), y que, si seguimos queriendo mantener esa función informativa, trimestralmente convoquemos a los interesados en un foro exprofeso para ello.

Dependiendo de la tipología de la empresa, el comité deberá estar formado por determinados miembros. No será lo mismo en una compañía industrial que en una comercial o que en una consultora.

En cualquier caso, creo que, si de verdad queremos que el comité sea ejecutivo, no debería tener más de cinco o seis miembros. *A priori*, una composición típica acogería, además de al director general, a los directores de comercial o marketing, al de operaciones, al financiero y, dependiendo de la importancia que tengan estos departamentos en la compañía, también podrían formar parte de él los directores de recursos humanos o de informática.

Esto no quiere decir que el director general no pueda convocar a otros ejecutivos para asuntos concretos, pero si queremos que el comité sea practico y realmente ejecutivo, debemos limitarlo a ese número de participantes.

Termino este breve apunte sobre el comité ejecutivo recomendando que se reúna formalmente todos los meses, sin perjuicio de que todas las semanas se junten los miembros que puedan estar presentes para pegar un repaso, en no más de media hora, a la evolución de los asuntos más urgentes.

## 4.8. El talento interno. Cuento contigo

Los procesos de sucesión en la empresa familiar y los cambios que se producirán en la organización y la estructura de la compañía generarán tensión y cierto grado de incertidumbre en el grupo de ejecutivos ajeno a la familia.

Se hará todo tipo de preguntas, que podemos resumir en tres:

¿Sabrá la generación entrante gestionar la compañía?
¿Contarán conmigo?
¿Cómo quedaré en el nuevo organigrama?

Dotar al proceso de transparencia ayudará a calmar los ánimos, pero no será suficiente. Si en un entorno de tranquilidad debemos cuidar a nuestra gente, durante el proceso de sucesión todavía más.

Además de contra la incertidumbre, también deberemos lidiar contra las expectativas no cumplidas. Habrá quien sienta que es mejor candidato que el sucesor designado y que, si no fuese por el parentesco de este, sería aquel el elegido. Lo mismo pasará cuando se designe a las personas que ocuparán los cargos más importantes de la compañía, con independencia de que estos sean o no miembros de la familia.

Ya sea porque tenemos definida nuestra matriz de talento o porque, por nuestra experiencia y conocimiento de la compañía, sepamos cuáles de nuestros empleados pueden ser considerados "pata negra", debemos tener un cuidado especial con todos ellos.

Es más que probable que si el líder del proceso siguió las recomendaciones de este libro, se habrá reunido con ellos, para contarles que el proceso de sucesión estaba en marcha y para consultarles su opinión respecto a los diferentes candidatos. Habría sido un buen paso a la hora de que sientan que su opinión es valorada en la compañía.

Si esto hubiera ocurrido, sería bueno que, una vez aprobado el proceso de sucesión, el líder del mismo se vuelva a sentar con cada uno de ellos para agradecerles su participación y para expresarles con rotundidad que tanto la familia como el sucesor designado le ven como un puntal de la compañía y que cuentan con cada uno de ellos para todo.

También es posible que el elegido se hubiera reunido con ellos para conocer su opinión sobre los cambios en la estructura y en el organigrama de la compañía, lo que también habría sido muy positivo.

En cualquier caso, tanto si tuvieron lugar esas entrevistas previas como si no, cuando el organigrama esté ya decidido, el futuro director general, solo o acompañado del actual, debe reunirse con cada uno de los "talentosos" para contarles que cuenta con cada uno de ellos, y para comunicarles qué posición del organigrama han considerado la mejor para él y para la empresa.

Tanto si pensamos que les gustará lo que escuchen como si imaginamos que podrán sentirse defraudados, es conveniente que seamos tan transparentes como sea posible, y que les expliquemos el porqué de nuestra decisión.

No es necesario decirles que son peores que el resto en esto y lo de más allá, pero sí refrendar con mensajes positivos por qué no se ha contado con ellos para el puesto que ansiaban tener:

"Vas como un tiro en la empresa, pero te falta todavía un poco de experiencia. En el futuro te veo allí".

"Te hemos valorado hasta el final para este puesto, pero, como necesitamos que tengas conocimientos de marketing, te hemos puesto en ese departamento para que, mejorando tu formación, puedas dar el salto".

"Te necesitamos en este puesto, porque solo tú puedes sacarlo adelante. Contamos contigo".

En fin, comentarios que, lejos de hundirle más de lo que lo estará por no haber visto cumplidas sus expectativas, mejorarán su autoestima y le motivarán para seguir siendo fiel a la empresa.

No solo deben sentirse importantes, sino que deben tener la certeza de que tanto la nueva dirección como la familia les están ofreciendo una carrera profesional dentro de la empresa, que les permitirá tener un futuro como el que se merecen.

# CAPÍTULO 5

LA GENERACIÓN SALIENTE.
¿Y QUÉ HACEMOS AHORA?
LA EMPRESA ES MI VIDA

Voy a dedicar este capítulo a una parte muy importante del proceso de sucesión familiar, como es el futuro de los miembros de la familia una vez que dejen de pertenecer a la dirección de la compañía.

Aunque la casuística puede ser enorme, voy a centrarme en dos situaciones concretas: cuando la sucesión solo supone la salida del actual director general o de otro miembro de la familia, y cuando esta supone un cambio total generacional y, por tanto, la salida de todos, o de una amplia mayoría de los miembros de la generación saliente.

Aunque estemos tratando este asunto casi al final de la obra, debemos tener presente que esta reflexión tiene que realizarse al inicio del proceso o, lo que es más adecuado, plasmarse en el protocolo familiar.

## 5.1. Los motivos de la salida

Pensará usted que, después de cuatro capítulos, esto ha quedado más que claro, pero no es así. En realidad, hasta ahora solo hemos tratado los motivos que hacen recomendable la realización de los procesos de sucesión. Ahora reflexionaremos sobre los motivos por los que los miembros de la

El "quieren" presupone la voluntariedad de la decisión, mientras que en el "deben" resulta la obligatoriedad de la misma. Pero también nos encontraremos casos en algún punto intermedio de la línea que separa uno y otro concepto. Y a buen seguro muchas de las motivaciones tendrán que ver con que la decisión sea cien por cien voluntaria, sin perjuicio de que se produzca por la creencia de que es la más adecuada para la compañía dejar el puesto de trabajo para facilitar la sucesión.

Tendríamos, por tanto, familiares que quieren dejar la empresa para tener tiempo para jugar al golf, otros porque así les obliga el protocolo familiar o los acuerdos de cualquiera de los consejos y no tienen más remedio que dejarlo, y otros en los que la decisión tiene que ver con lo que es más recomendable, tanto desde el punto de vista personal como empresarial.

Tiene usted razón. Nos falta otro supuesto, que se acerca bastante a los de carácter obligatorio y que es el más peliagudo: cuando quieren que te vayas.

Dejaremos fuera de nuestra reflexión el caso en el que esta salida obligada, forzada por el resto de los consejeros o de la familia, se produzca porque el "ejecutado" haya obrado en contra de la empresa, en beneficio propio o con dejación de funciones. Estos casos más tienen que ver con golpes de Estado, a veces necesarios, en situaciones de enfrentamientos graves, que con un proceso de sucesión. Me estoy refiriendo al supuesto en el que, a pesar de que la mayoría de los miembros de la familia vean necesario iniciar el proceso de sucesión, el actual director general no está dispuesto a colaborar en el mismo y hay que darle un empujoncito.

Para mí, independientemente del motivo de la salida (dejando fuera los golpes de Estado) del miembro o los miembros de la familia que dejarán el ejecutivo, hay un hecho que nunca debemos olvidar, que no es otro que, en la mayoría de los casos, estas personas habrán dado su vida por la empresa familiar, por lo que el agradecimiento y la generosidad deben estar presentes en todo lo que planifiquemos.

Como ya hemos visto, en ocasiones es necesario, o al menos recomendable, que la sucesión del primer ejecutivo venga acompañada de un relevo generacional. Son numerosos los casos en los que se produce, y suelen tener lugar en la sucesión de un miembro de la segunda generación, normalmente, el mayor de los hermanos, al que el patriarca le cedió el mando cuando dio un paso atrás.

Según sean las diferencias de edad entre los distintos hermanos, las aspiraciones personales y profesionales de estos, la situación de la empresa, y el nivel de formación y profesionalización de la tercera generación, más o menos sentido tendrá provocar ese cambio generacional.

**En nuestro ejemplo** *veíamos que los candidatos de la tercera generación eran demasiado jóvenes e inexpertos y, sobre todo, que Luis quería ser el sucesor designado. A sus cincuenta y ocho años todavía tenía recorrido, por lo que, sin duda, lo más recomendable era que se cumpliesen sus deseos.*

Pero en muchas ocasiones, deberemos hacer justo lo contrario, sobre todo si ninguno de los hermanos quiere recoger el testigo o si no se ponen de acuerdo entre ellos para ver quién lo tomará. Claro está, siempre y cuando los futuribles de la tercera generación tengan la talla para dar el salto, y solo si es la mejor decisión para preservar el futuro de la compañía. Porque lo importante de verdad es la empresa, y cualquier decisión que se tome debe serlo en interés de esta.

Si finalmente se opta por el relevo generacional, nos encontraremos con un problema a solucionar, o cuando menos con un interrogante al que debemos dar respuesta:

¿Cómo aceptarían los hermanos que continúan en la empresa que un sobrino o hijo suyo les ordene lo que tienen que hacer y de qué manera, cuando son los propietarios de la propia empresa?

Las dos primeras órdenes las aceptarán a regañadientes. A la tercera mandarán al "niño" a tomar el fresco o, probablemente, aún más lejos. Salvo casos aislados, saldrá mal. Si nuestra decisión es que el nuevo director general sea un hijo o un sobrino, el resto de los hermanos del actual director deben pactar su salida de la dirección ejecutiva de la compañía.

¿Es una decisión dura? Lo es.

¿Estarán todos de acuerdo? Probablemente no. Algunos de los miembros que deben salir se preguntarán qué van a hacer en el futuro si no tienen que despertarse cada mañana para ir a trabajar. Otros pensarán que la empresa es su vida o que todavía son jóvenes para retirarse. A la mayoría les preocupará, además, qué pasará con su sustent económico.

No vea usted en estos pensamientos una falta de solidaridad o un egoísmo que antepone lo personal a lo empresarial. Son argumentos absolutamente lógicos, que no podremos dejar de lado y que deberemos solucionar para que la sucesión llegue a buen fin.

Vamos a intentarlo.

## 5.2. El pacto y las condiciones de salida

Así como en la mayoría de los protocolos de familia suele haber algún artículo relativo a la edad máxima de los ejecutivos o consejeros de la familia, no conozco ninguno que regule las condiciones de salida de estos.

Por tanto, será un importante tema que tratar cuando comencemos a configurar el proceso de sucesión.

Tanto si solo hablamos de las condiciones de salida del director general como si lo hacemos también de sus hermanos, en una sucesión con relevo generacional de por medio no debemos olvidar los puntos tratados en el apartado anterior sobre la obligatoriedad o no de la salida y de las preocupaciones de quienes no desean dar el paso.

Tal vez se haya preguntado el motivo por el que dedico una parte importante de esta obra a los órganos de gobierno en la empresa familiar, cuando el libro trata de la sucesión de este tipo de empresas.

La respuesta es sencilla. Lo he hecho porque es el consejo de administración el órgano en el que deberán prestar servicio los familiares salientes, una vez se lleve a cabo la sucesión. Lo más probable es que ya sean consejeros de la sociedad, esté o no el consejo funcionando como tal. Pasarán, por tanto, de ser ejecutivos y consejeros a tan solo ser consejeros, o de ser presidente y director general a tan solo presidente del consejo de administración.

Insistía en la importancia de poner en marcha un consejo de administración lo más formal y profesional posible, en el que las funciones y dinámicas propias del consejo vayan siendo interiorizadas y aprendidas por todos los miembros de la familia, y, muy especialmente, por los que la dirigirán en el futuro, y por los que limitarán su actividad a su pertenencia a dicho órgano de gobierno.

El día que se produzca el relevo dejarán de "mandar" y de tener la información del día a día de la empresa o de su departamento. Y si no queremos que el vacío que puedan sentir al dejar su puesto de trabajo se vea incrementado porque tengan la sensación de no enterarse de nada de lo que está pasando en la empresa, deberemos haber diseñado un buen sistema de reporte.

Pero es que, si tampoco hemos aprendido a diferenciar las decisiones que debe tomar cada órgano, ralentizaremos estos procesos y acabaremos viéndonos inmersos en conflictos de competencias y de poder.

Llegar al acuerdo de que los ejecutivos salientes pasen a ayudar a la empresa colaborando únicamente como consejeros pasará por que se haya llegado a un pacto en el seno de la familia en el que se establezcan las fechas en las que cada cual irá dando el paso, en el que se llegue a un acuerdo retributivo y en el que se acuerden las nuevas funciones que ostentará cada miembro, tema del que hablaremos en el siguiente apartado.

Sobre las fechas de salida de cada miembro, estás deberían ir marcadas únicamente por el calendario de implantación del organigrama. Por tanto, si tuviésemos que conceder alguna excepción a lo que fija el calendario, deberá ser durante su confección cuando la tengamos en cuenta.

Más adelante hablaremos de la conveniencia de remunerar el puesto de consejero, pero a efectos de lo que aquí se trata consideraremos que así es. La remuneración puede consistir en una cantidad mensual, en unas dietas por asistencias al consejo o una mezcla de ambas.

No existen criterios definidos ni en lo fiscal ni en lo laboral a ser tomados en cuenta a la hora de aceptar estas excepciones. Y aunque le recomiendo que consulte su caso particular con sus abogados o asesores, le dejo aquí unas pinceladas de cómo afectará este paso de los familiares, del día a día a tan solo el consejo, en esos dos aspectos.

Desde el punto de vista laboral, nos encontramos con dos posibles supuestos: que el familiar en cuestión haya cumplido ya con los requisitos para jubilarse o que todavía no esté en esa situación.

En el caso de que pueda jubilarse, vuelvo a insistir en la necesidad de dejarse aconsejar por expertos en su caso personal, y, más aún, porque la legislación fiscal y en materia de cotizaciones a la Seguridad Social es extraordinariamente volátil y puede cambiar de un momento a otro, pero en la mayoría de los casos podremos simultanear el cobro de lo que su empresa estipule para los consejeros con el cincuenta por ciento de lo que le correspondería de pensión. El día que dejase de percibir su remuneración de consejero pasaría a recibir el cien por cien de la pensión que le corresponde. La reducción de esta solo tendría lugar durante el periodo de convivencia de ambas remuneraciones.

Si, por el contario, todavía no cumple con los requisitos para poder jubilarse y su empresa va a remunerarle como consejero en función de su situación (si realiza o no funciones de dirección y gerencia dentro del consejo, y del porcentaje de participación que tenga en el capital de la compañía), deberá estar dado de alta en la Seguridad Social, bien en el RETA, en el RGSS o en el régimen general asimilado.

En todo caso tributará en el IRPF por la remuneración que obtenga como consejero y también continuará cotizando a la Seguridad Social, lo que le permitirá, llegado el momento, acceder a la jubilación.

Desde el punto de vista fiscal, hay un tema muy importante que tenemos que valorar, y que es el relativo a la exención en el impuesto sobre el patrimonio y, su caso, en el de grandes fortunas (ITSGF), de las empresas familiares. A buen seguro, usted está ya acogiéndose a dicha exención, y no voy a detenerme en explicar en qué consiste ni en las condiciones que hay que cumplir para hacerse merecedor a ella.

Algún miembro de la familia que pasará al consejo podría pensar que al dejar de trabajar en funciones ejecutivas perdería el derecho a esta exención.

Pero, más allá de que todavía podría disfrutarla si su mujer, hijos, hermanos o padres continuasen ejerciendo ese tipo de labores, es importante aclarar que la normativa reguladora del impuesto sobre el patrimonio (y por ello también la del ITSGF) considera a los consejeros como unos de los supuestos que cumplen con el requisito de que el contribuyente ejerza funciones de dirección en la compañía, cumpliendo, por tanto, el requisito requerido para la exención.

Este asunto es de vital importancia para los propietarios de las empresas familiares, ya que, de no aceptar Hacienda a los consejeros como sujetos que pueden acogerse a la exención, tendríamos un verdadero problema. Afortunadamente no es así. Los consejeros están dentro de los supuestos, siempre y cuando tengan funciones de administración, dirección o gestión.

Otra de las grandes preocupaciones de la generación saliente, que también deberemos pactar, tiene que ver con su retribución. Se trate de una salida voluntaria u obligatoria, en lo posible, los miembros de la empresa familiar deben ser conscientes de que, si queremos que la generación saliente apruebe el proceso de sucesión, debemos proponer un nuevo sistema retributivo para ellos que les permita salir del ejecutivo sin que soporten una drástica disminución de sus ingresos que pudiera llegar a comprometer su futuro.

¿Cuántas veces habré oído eso de "yo no me puedo ir y quedarme con una mano delante y otra detrás"?

Ni eso puede suceder ni los familiares salientes merecerían ese trato. Son personas que se han dejado la vida en su empresa familiar, que han hecho todo lo posible para desarrollarla, con el objetivo de crear un futuro para los que les sucederán. Además de que se lo merecerán, si no somos capaces de llegar a esa entente, que les permita seguir teniendo una vida desahogada, sin que por ello se vea comprometida la estabilidad financiera de la compañía, les aseguró que el proceso de sucesión tendrá pocas opciones de salir adelante. Como decía un buen amigo, "la pasta no puede ser un freno en la sucesión".

Hay mil formas de dar respuesta a este reto y, aunque estoy seguro de que a usted se le ocurrirán otras mil más, me permito sugerirle algunas:

- Abonar parte de la remuneración que reciben en la actualidad hasta la edad de jubilación o durante los años que así se decida. Lineal cada año, o descendiente y que la remuneración de los que les van a sustituir se vaya actualizando de forma inversamente proporcional.
- Compensar los años trabajados con una "indemnización" equivalente a X años de trabajo.
- Remunerar el puesto de consejero y de las comisiones del consejo.
- Remunerar proyectos concretos.
- Incrementar los dividendos, o empezar a repartirlos en el caso de que todavía no se repartan.
- Una mezcla de las anteriores.

Lo único que debería ser un freno es que el estado de salud de la compañía no nos permita acometer este gasto extra. De otra manera, estamos obligados moral, pero también empresarialmente, a considerarlo.


## 5.3. Las funciones de los nuevos consejeros

No me refiero a las funciones propias de los miembros de cualquier consejo de administración, de las que ya hemos hablado, sino a labores que los consejeros familiares que quieran seguir teniendo una estrecha vinculación con la empresa pueden realizar.

No todos los miembros salientes querrán continuar colaborando estrechamente en la gestión de la empresa. Algunos ni siquiera querrán ser consejeros, lo que es perfectamente entendible, tanto porque quieran dedicarse a vivir la vida o a otros menesteres profesionales como porque prefieran apartarse de la responsabilidad que asumen los consejeros.

Sin embargo, para los que sí quieren seguir ayudando, o para los que pensasen qué iban a hacer ahora, alejados de la empresa a la que definen como su vida, el consejo de administración es el órgano perfecto en el que seguir trabajando y disfrutando de su empresa.

También nos permitirá remunerar de forma diferente a los que van a seguir remando de los que decidan que mejorar su hándicap es su único objetivo.

No cabe duda de que la principal contribución de los nuevos consejeros procederá de la experiencia que han ido acumulando tras tantos años de éxitos y fracasos en su andadura profesional.

Cuanto más joven e inexperta sea la generación entrante, más necesaria será la ayuda de la saliente, y no solo en lo que respecta a sus conocimientos en las áreas en las que han realizado su actividad, sino también como mentores, o, mejor dicho, como padrinos de esta nueva generación que tendrá la responsabilidad de guiar la empresa.

Sería bueno que cada consejero apadrine a uno o dos miembros que correspondan a otra rama familiar. Esto no significa que sus padres no puedan ayudarles, pero escuchar otra voz distinta y otro punto de vista de alguien tan cercano como un tío, que quiere lo mejor para ellos y para la empresa, me parece algo tan bonito y satisfactorio como irrenunciable.

El apadrinamiento consiste en ayudarle a mejorar en todos los órdenes de la vida en los que el ahijado se deje aconsejar, y en aquellos en los que necesite que el padrino le eche un capote. Serán temas tan variados como la relación entre ambos y la confianza mutua vaya permitiendo, desde ayudarle en cómo relacionarse con otros familiares y empleados hasta detectar áreas de mejora, incluso a formarle.

Tal vez usted piense que esta labor correspondería más al consejo de familia que al de administración. Es posible que así sea. Lo importante es que realice esta labor que, sin duda, ayudará a la unidad de la familia y, seguro, mejorará al ahijado como profesional y como persona, y que le reconfortará enormemente.

Además de esta labor de apadrinamiento, los consejeros deben ayudar al nuevo director general a formarse en los ámbitos en los que son expertos.

No desaconsejo que interactúen también directamente con los miembros que les han sustituido en sus cargos, pero con el cuidado necesario para que el primer espada no se sienta desplazado, o no perciba que están saltándose la cadena de mando. Formar y ayudar, sí. Contribuir a alimentar las discrepancias, nunca.

Otra función que debería ser encargada a cualquiera de los consejeros que no sea el presidente es la de ser el nexo de unión entre el consejo de administración, el de familia y el comité júnior. Entre estos tres órganos de gobierno se puede, y debe hacer una fantástica labor para que familia y empresa vayan de la mano.

Existen además otras funciones que debemos repartir entre los distintos consejeros, encargándoles, entre sus cometidos, la supervisión o el empuje de ciertas áreas y proyectos en las que el consejo está obligado a participar.

Se me ocurren varias parcelas, como la responsabilidad social corporativa, los criterios ESG (factores ambientales, sociales y de gobierno corporativo) y la sostenibilidad, o la estrategia, la digitalización y las nuevas tecnologías, la supervisión del proceso de sucesión, las políticas empresariales, la cultura empresarial, la representación de la compañía...

Repartir estas funciones entre los distintos consejeros, ya sea dentro o fuera de las comisiones propias del consejo, dotan a este de una riqueza que actuará como palanca de crecimiento empresarial, y a los consejeros de unas funciones que, sin estar en el día a día, les permitirá seguir cerca de su querida empresa.

Sin duda, en ocasiones, necesitarán mejorar su formación en ciertos aspectos. Obliguémonos y obliguémosles. Gestionar la empresa desde el consejo exigirá poseer conocimientos que hasta ahora no han sido necesarios para el trabajo que desempañaban, pero que ahora serán fundamentales y necesarios (finanzas, sostenibilidad, etcétera). No estaría nada mal que alguno de los consejeros se responsabilice de que estos programas de formación se lleven a cabo.

# CAPÍTULO 6

## LA GENERACIÓN ENTRANTE. MENUDA RESPONSABILIDAD

Tenemos imágenes de nuestros hijos y sobrinos desde que eran bebés. Cientos de fotos nos permiten repasar su vida. Unas vestidas de bailarinas o con la camiseta del Estudiantes que les llega por las rodillas, y otros con las del Madrid o las del Atleti. Sus comuniones, sus bodas, etcétera, etcétera.

¿Y en las manos de esta gente va a dejar usted su patrimonio?

Pues ojalá que sí. Ojalá tengamos la suerte de tener a hermanos, primos, hijos o sobrinos con la capacidad, la aptitud y la actitud necesarias para que seamos capaces de confiar en su buen hacer.

Si, por desgracia, no es así, la mejor decisión que podremos tomar es o vender la compañía o buscar en el mercado o en nuestra propia empresa a las personas más adecuadas que puedan ejercer esta labor.

Creo que ya ha quedado clara mi postura como firme defensor de la participación de la familia en la gestión de nuestras empresas, como también espero que entiendan que este convencimiento solo cobra sentido si la cantera está preparada para el reto.

Con preocupación, nos cuestionaremos si estamos tomando las decisiones adecuadas. Pero ¿y qué se preguntarán ellos? ¿Qué sentimientos albergarán? ¿Dudarán sobre su capacidad? ¿Les atenazará la responsabilidad?

Cada persona es un mundo y cada cual llevará estas cargas de una manera diferente, pero estoy seguro de que a todos les habremos cargado la mochila de enormes piedras en forma de dudas y miedos, pero también de ego.

Es nuestra responsabilidad ayudarles a que en esa mochila no entren otras piedras que les provoquen que la carga sea imposible de llevar, como son la soledad o las tiranteces y los conflictos innecesarios, y que poco a poco salgan de ella los temores y los egos.

Tendremos que conseguir que sean capaces de llenarlas de ilusión, de formación, de respeto a los demás, y de todos los valores en los que sustenta nuestra cultura empresarial y familiar.

El primer mensaje que hay que mandarles es que no están solos, y el segundo, que vamos a dejarles trabajar. Hay que ponerse a su disposición para lo que necesiten, sin que ello signifique que nos metamos en su terreno.

Como familiares les ayudaremos cuando nos pidan nuestra opinión, y si no lo hacen, tendremos que ser capaces de mantenernos al margen, sin que eso signifique que no realicemos el control y el seguimiento que debemos de hacer como consejeros.

El apadrinamiento del que antes hemos hablado es una magnifica herramienta para que no sientan ese miedo y soledad.

Esto no significa que no debamos de concienciarles de que van a asumir una gran responsabilidad. Al contrario, aunque sean conscientes, habrá que recordárselo para hacerles ver que las aventuras no tienen cabida en su toma de decisiones, y que deben ser analíticos y rigurosos. Eso sí, con todo nuestro apoyo y ayuda.

Estarán también preocupados por los posibles conflictos con otros familiares, especialmente con sus primos, quienes no dejan de ser, ellos también, propietarios o hijos de ellos. En lo que nos toca, no debemos permitir que esto ocurra. Ya sea hablando personalmente con nuestros hijos o a través del consejo de familia, nuestra obligación es tomar las medidas necesarias para que esto no suceda, y en caso de que, a pesar de todo, pase, ayudar a solventar los conflictos, dando ejemplo de cómo hay que comportarse.

El tratamiento de los egos es fundamental, tanto de los que van a ocupar los puestos más importantes como de los que no van a tener esa suerte. La nueva generación ha de tener un trato exquisito con todos los que les rodean, sean estos familia o, especialmente, no. Todos los miembros del nuevo equipo directivo, con su director general al frente, deben ser un ejemplo en el trato con los demás.

La humildad es una cualidad que deben exhibir como bandera de su nuevo liderazgo, que habrán de ganarse por sus hechos, y no por su ADN.

No olvidemos, por último, atender a sus necesidades de formación, que seguro serán muchas. Ya sea en el ámbito del consejo de familia o en el de administración, debemos abordar este asunto de manera prioritaria. No solo necesitarán capacitarse en materias relativas a sus nuevos puestos de trabajo, sino que debemos obligarles a empaparse de otras no tan relacionadas con ellos, como finanzas, comunicación o el propio liderazgo.

No hablo solo del director general. Los roles y responsabilidades del resto de los miembros de la unidad familiar que darán el salto dentro de la compañía no se limitarán a las funciones propias de sus departamentos. Todos juntos tendrán que demostrar a clientes, proveedores y a empleados que representan los valores y la cultura de la compañía, y que son la principal palanca en la que esta se apoyará para asegurar su futuro.

# EPÍLOGO

En relación con algunos asuntos legales que he tratado en el libro, como pueden ser aspectos de la jubilación o la exención del impuesto sobre el patrimonio, tengan en cuenta que, aunque me he documentado y he consultado con expertos, yo no lo soy. Por ello le recomiendo encarecidamente que antes de tomar cualquier decisión realice las preceptivas consultas sobre su caso en particular, teniendo en cuenta, además, que la legislación en esta materia suele cambiar con relativa facilidad.

Imagino que a lo largo de la lectura de esta obra ha ido comparando lo aquí dicho con su experiencia personal, y con la situación de su empresa familiar.

Es posible que por el tamaño, la historia o la estructura de su empresa, o por la falta de acierto en los ejemplos utilizados, partes del libro no le vayan a ser de utilidad. Permítame disculparme por ello.
Si por el contrario le sirve como algo parecido a una guía de consulta, que le anime a preparar el plan de sucesión de su compañía, estaré enormemente feliz.

Sea como sea, como autor de la obra, me doy más que por satisfecho si tan solo he conseguido hacerle reflexionar sobre la conveniencia de ponerse a trabajar en la sucesión, así como en los diferentes aspectos de este proceso que me parecen más relevantes.

Cuando valoraba qué podía aportar yo escribiendo este libro sobre la sucesión en la empresa familiar, investigué la literatura que, sobre este tema, estaba a disposición de cualquier interesado. Nada de lo que he encontrado trata la sucesión desde el punto de vista que tiene el miembro de una empresa familiar, y menos aún de quien ha liderado dicho proceso de sucesión.

Sin desmerecer todo lo publicado por asesores o abogados expertos en la empresa familiar, creo que compartir mis experiencias ayudará a tener una visión totalmente diferente, complementaria y eminentemente práctica de la sucesión.

Compartir esta experiencia, ayudar a los valientes y emprendedores que se dejan sus vidas en las empresas familiares, y el convencimiento de que estamos obligados a reflexionar sobre el día de mañana han sido las razones que me han llevado a emprender esta aventura.

Un caso curioso

Permítanme que, por último, les cuente, sin nombres y apellidos, un curioso caso sobre el que me pidieron opinión hace un par de años.

Se trataba de una compañía que se dedicaba a dar servicios integrales a los establecimientos que pertenecían a los socios de esta nueva empresa. Cada socio tenía una o más tiendas monosectoriales y crearon una sociedad para que les gestionase, al cien por cien, sus establecimientos. Cada uno por separado era incapaz de realizar las labores de compras, gestión y marketing que les permitiera competir con los grandes actores de su sector.

Algunos de los socios tenían una relación familiar entre sí, de hermanos o primos, y existía algún otro accionista que simplemente era buen amigo de alguno de ellos, y que tenía las mismas preocupaciones e intereses que los primeros. Defenderse de las grandes cadenas y de las grandes superficies.

Tal fue el éxito que consiguió el grupo inicialmente creado que decidieron empezar a vender sus servicios a otras tiendas que pudieran estar interesadas, lo que les permitía ser más competitivos como grupo a la vez que rentabilizaban la nueva compañía. Eso sí, eran simplemente clientes sin derecho a entrar en el capital de la empresa. Se mantenía por tanto, como únicos socios de la compañía, al grupo de fundadores.

Estos fundadores dedicaban la mayor parte de su tiempo a gestionar la nueva compañía, y, según fueron pasando los años, se dieron cuenta de dos cosas relacionadas con su futuro. La primera, que no deberían dejar pasar mucho tiempo antes de preparar su sucesión como directivos de la compañía. Y la segunda, que les encantaría que sus hijos, algunos de los cuales estaban ya o trabajando o a punto de terminar sus estudios, pudiesen entrar a formar parte de esta.

Sin duda entre los socios había una relación más estrecha de la que, muchas veces, tienen entre sí unos hermanos, pero me resultaba curioso que consultasen mi opinión porque, sin serlo, consideraban su compañía como una empresa casi familiar.

Además de charlar sobre lo divino y sobre lo humano, eran dos los temas sobre los que querían que les asesorase: el protocolo familiar y el proceso de sucesión.

Intenté persuadirles de que lo que necesitaban firmar no era un protocolo familiar, que era lo que ellos, repetidamente, demandaban, sino un pacto de socios, en el que negro sobre blanco articularan todas las disposiciones que considerasen necesarias, entre ellas el proceso de sucesión.

Aunque me acabaron reconociendo que, tal vez, llamarlo protocolo familiar no era lo más adecuado, insistían en que querían seguir los mismos pasos que daría una empresa familiar, tanto a la hora de realizar el protocolo como a la de planificar la sucesión.

Me fueron contando cómo habían ido estructurando el protocolo. Paso por paso. Me quedé gratamente sorprendido. Se notaba que se lo habían currado y que habían estudiado diversos ejemplos de protocolos familiares. Nos detuvimos sobre todo en los dos puntos que más les preocupaban: la sucesión y la incorporación a la empresa de sus hijos.

Respecto a este último punto, me sorprendió que, en su cabeza, tenían unas exigencias realmente duras, que sobrepasaban los habituales requerimientos de los protocolos familiares. Además de los típicos aspectos de formación y experiencia laboral, querían que los candidatos tuviesen que comprar o crear su propio establecimiento si querían entrar a trabajar en la empresa.

Les pregunté el motivo de ser tan duros y restrictivos. Si se debía a que, en realidad, lo que pretendían es que sus hijos renunciasen a la empresa, porque qué chaval recién licenciado es capaz de acceder a la inversión necesaria para la compra o creación del establecimiento.

Les sorprendió mi pregunta, porque consideraban que no había mejor manera de conocer el negocio que viviendo en sus carnes la problemática de los clientes, y porque entendían que no había mejor forma de demostrar el compromiso que adquirían con su empresa familiar. Volvieron a denominarla así. Una y otra vez.

La sucesión la tenían prevista en un plazo de unos diez años, pero aun sabiendo que era pronto para iniciar el proceso, querían dejar reflejado en el protocolo cómo debía llevarse a cabo. Su obsesión era que de entre la cantera de "no primos" que iban a tener pudiesen seleccionar a un par de ellos que les sustituyeran en el futuro. Y para que fuera posible, tenían que empezar ya a dar los primeros pasos.

Me parecía perfecto, incluso clarividente, al tener tantos años por delante. Tan solo les recomendé que si, a pesar de sus esfuerzos, no conseguían a las personas adecuadas de entre sus familiares, lo mejor era que, llegado el momento, pensasen en buscar a alguien de fuera.

—En ese caso, que no descartamos pueda suceder —dijo uno de los socios—, venderemos la empresa.

—Lo que luchan las familias por sus empresas nunca lo superará un ejecutivo traído de fuera —añadió el otro.

—Mi única motivación —continuó el primero—, una vez jubilado, es que nuestros hijos conserven y desarrollen la empresa. Sin ellos al frente no tiene sentido.

Coincidí.

Viva la empresa familiar, o casi familiar.